나는 걱정이
너무 많아

나는 걱정이
너무 많아

이선경 지음

'저는 인생의 실패자예요.'
'쓰레기가 된 느낌이에요.'
'난 왜 이 모양일까?'
'내 인생은 글렀구나.'

실제로 제 논문 속 인터뷰 내용입니다. 당시 걱정과 불안, 완벽주의로 고통받는 사람을 모집하여 심리치료 프로그램을 운영했었습니다. 참가자들이 안고 있는 마음의 짐이 무거울 거라고 짐작은 했지만 그 고통을 직접 마주해보니 '매일 걱정 속에 살아가는 게 참 힘들었겠다'는 생각을 하지 않을 수 없었습니다. 심리학자로서 프로그램 운영에 최선을 다했고, 성공적으로 끝마친 이후에는 앞서 고통을 호소하시던 분들의 대답이 바뀌었습니다.

'너무 안심돼요.'

'이렇게 하면 되는구나!'

'고통에서 벗어날 수 있게 됐어요.'

'이제 도망가지 않아요. 충분히 내 마음을 들여다볼 거예요.'

참가자들은 프로그램을 통해 걱정을 없앤 것이 아닙니다. 다만 걱정을 잘 정리했을 뿐입니다.

심리학자들끼리 농담 반 진담 반으로 하는 말이 있습니다. 자신의 논문 주제는 자기가 해결하고 싶어 하는 심리적 문제라는 것입니다. 생각해보니 저도 그랬습니다. 어릴 적부터 부모님 말씀에 최대한 순종하는 둘째로 자라 착한 아이 콤플렉스를 가지고 있었습니다. 무엇이든 모범적으로 완벽하게 해내지 않으면 사랑받지 못할 것이라는 걱정을 달고 살았습니다.

대학교 시절, 친구들과 시간이 맞지 않아서 혼자 점심을 먹어야 할 때가 있었습니다. 그런데 도저히 식당으로 발길이 떨어지지 않는 것이었습니다. 제 머릿속에 걱정거리가 불쑥 찾아왔기 때문입니다.

'만약 내가 혼자 밥 먹는 모습을 누군가 본다면, 친구가 없다고 생각하지 않을까? 이런 초라한 모습을 보이면 절대 안 돼!'

건강한 생각이 아니라는 것쯤은 알고 있었지만, 내 마음대로 걱정을 정리할 수가 없었습니다. 그렇게 혼자 밥을 먹어야 하는 상황이 생기면, 하염없이 길을 걸으며 배고픔을 숨겼던 기억이 아직도 생생합니다. 다행히도 지금은 걱정을 잘 정리한 상태입니다. 전국으로 강연을 다니는 특성상 혼자 끼니를 해결해야 할 때가 많은데, 지역의 숨은 맛집을 찾아내서 밥을 먹는 일이 오히려 기다려지며 힐링의 시간이 되기도 합니다.

안타깝게도 요즘 주위를 둘러보면, 걱정거리가 몇 배로 더 늘어난 듯합니다. 학생들의 우울 증상 진료가 코로나 이전 대비 21% 증가한 것이 그렇습니다. 더 놀라운 사실은, 걱정거리로 인한 불안 증상 진료는 이것의 두 배인 42%나 증가했다는 것입니다. 어릴 때부터 어른이 된 지금까지도 걱정거리가 우리를 얼마나 괴롭게 하는지 체감할 수 있는 조사 결과입니다.

공부, 취업, 결혼, 내 집 마련, 노후, 건강 등 우리는 걱정이라는 인생을 살아가고 있습니다. 그래서 무엇보다 걱정을 제대로 정리하는 것이 중요한 때입니다.

이 책에서 저는 현대사회를 살아가는 우리가 반드시 알아야 하는 걱정 정리 방법을 소개합니다. 단순히 마음가짐을 바꾸라거나 전통적인 심리치료 기법만을 소개하지 않습니다. 내측전전두피질(mPFC)과 전대상피질(ACC), 걱정 유전자 'SLC6A4', 미주신경, 글루탐산, 마인드풀니스, 셀프-어퍼메이션, STOP 기법, 셀프-컴패션 등 최신 뇌과학과 더불어 요즘 핫한 심리 트렌드를 적극 반영했습니다. 특히 저만의 걱정 정리 노하우를 다양한 사례와 비유로 꾹꾹 눌러 담았습니다.

걱정은 없애야 하는 것이 아니라 정리하는 것입니다. 이 책을 펼치는 순간 우리의 걱정이 정리되면서 행복한 삶도 같이 펼쳐질 것입니다. 지금 당장 저와 함께 걱정 정리를 시작해보세요.

이선경

"적당한 걱정은 안전벨트를 매는 깃과 깉습니다."
/ 걱정심리학자 케이트 스위니 박사

차례

3장 걱정을 놓아주는 확실한 방법

4장   걱정이 인간관계에 미치는 영향

보스턴대학교 심리학 교수 데이비드 발로우는 우리가 삶을 살아갈 때 걱정을 통해 잠재적인 위험을 감지하고 대처할 수 있는 긍정적인 면도 있다고 이야기했습니다. 걱정이 과도할 때는 우리를 병들게 하지만 적절하게 관리만 해준다면 오히려 긍정적인 효과를 누릴 수 있는 것입니다. 새로운 관점으로 걱정과 불안을 바라보기 시작한다면, 새로운 관계를 맺을 수 있습니다.

1장

내일이 불안해서 잠 못 이루는 당신에게

이것저것
열심히 해도
불안한 이유

·

우리는 자신이 하는 일에 열심히 노력하면 좋은 결과를 얻을 수 있다고 생각합니다. 그리고 대부분 열심히 노력한 만큼 보상을 받습니다. 공부를 열심히 했으면 높은 성적을 받게 되고, 일을 열심히 했으면 높은 수익을 달성하는 것과 같죠. 하지만 세상은 우리 마음과 같지 않습니다. 열심히 노력했다고 꼭 그에 마땅한 보상을 약속하지 않는 거죠. 그래서 우리는 열심히 해도 불안한 마음을 떨쳐낼 수 없게 됩니다.

우리가 불안한 마음을 갖는 첫 번째 이유는 불확실성 때문입니다. 이 세상은 무한한 불확실성의 연속이고, 그 누구도 미래를 예측할 수 없습니다. 예를 들어 옆 친구는 나보다 공부를 덜 했는데도 불구하고 마침 딱 공부한 내용이 시험에 나왔다며 나보다 더 높은 성적을 받습니다. 또 어떤 영업사원은 온종일 발에 땀이 나도록 고객을 확보하기 위해 돌아다니지만 옆 팀의 영업사원은 어쩌다 운 좋게 VIP 고객을 만나 단번에 영업왕이 됩니다. 이런 상황이 우리를 실망하게 만들고 내가 잘하고 있는 게 맞는지 불안하게 만듭니다.

두 번째는 사회적 비교 때문입니다. 21세기 대한민국은 자기계발의 문화가 깊게 뿌리내린 상태입니다. 그래서 일도, 취미도, 특기도, 공부도 심지어는 힐링도 주위 사람들이 하는 만큼 하지 않으면 뒤처지는 느낌을 받게 됩니다. 끊임없이 다른 사람과 경쟁하는 문화 속에서 우리는 모든 것을 다 잘 해낼 수 없기 때문에, 여러 가지를 열심히 해도 불안한 마음을 느끼게 됩니다.

세 번째는 완벽주의 때문입니다. 영국의 외과의사 알렉산더 리딩은 인공관절이식 분야의 세계적인 권위자로, 90% 이상의 수술 성공률을 보이며 여러 의학상도 수상했습니다. 그러던 어느 날, 다른 과와 협진하며 수술하는 과정에서 작은 실수가 있었고 결국 그 환자는 합병증으로 사망하게 됩니다. 알렉산더는 그 수술에 대해 커다란 죄책감을 느꼈고, 자신의 집에 틀어박혀 고통스러워 했습니다. 그렇게 죄책감에 빠져 살던 그는 결국 아내와 두 아들을 남기고 자기 집 차고에서 스스로 생을 마감했습니다.

우리는 불안을 떨쳐내고자 최선을 다해 열심히 삽니다. 그렇게 해서 세계 최고가 되어도 불안은 우리 삶에 여전히 존재합니다. 그러니 걱정하지 않고 살아가는 것은 결코 쉬운 일이 아닙니다. 또 앞으로 우리가 무언가를 열심히 한다 해도 충분히 보상받지 못할 가능성은 여전히 남아 있습니다. 그래서 우리가 해야 할 일은 불안하고 불완전한 세상과 그 속의 나를 인정하고 받아들이는 것입니다.

새로운 관점으로 걱정과 불안을 바라보기 시작한다면, 새로운 관계를 맺을 수 있습니다. 사실 삶에서 불안을 느끼는 것 자체는 나쁜 것이 아닙니다. 전설적인 농구선수 마이클 조던은 "나는 항상 불안했다. 하지만 그 불안함이 나를 움직이게 했다"라고 말했습니다. 누구나 가지고 있는 걱정과 불안을 현명하게 바라보고 지혜롭게 활용할 수 있도록 제가 독자분들과 동행하겠습니다.

걱정은
현실이 아니라
머릿속에 존재한다

·

걱정은 우리 머릿속에서 일어나는 정신적인 활동입니다. 걱정이라는 단어가 과거, 현재, 미래 중에 어느 시점을 향하는 것인지 생각해보면 쉽게 알 수 있습니다. 걱정은 발생하지 않은 일, 미래에 대해 부정적으로 생각하는 것이고 이미 일어난 일, 과거에 대해 비관적으로 생각하는 것이니 현실과는 거리가 멀다는 것을 알 수 있습니다.

걱정이 정말 머릿속에 존재하는지 그 여부는 뇌과학 분

야에서 이미 밝혀진 사실이기도 합니다. 걱정이 발생할 때 활성화되는 뇌 부위를 확인해보니 내측전전두피질(mPFC)과 전대상피질(ACC)이 주요 부위였습니다. 이 두 부위는 감정과 생각에 깊은 관련이 있는데, 미래에 걱정스러운 사건이 발생하지 않도록 행동을 조절하는 역할을 합니다.

또한 신경생리학이 발달하면서 걱정이 발생할 때 노르에피네프린(Norepinephrine)이 증가하고 세로토닌이 감소하는 것을 확인할 수 있었습니다. 노르에피네프린이 증가하면 뇌가 각성되어 불안이 끊임없이 증폭하는데, 세로토닌이 이를 조절해줍니다. 그런데 세로토닌은 감소한다고 하니, 그 결과는 불 보듯 뻔하겠죠? 심지어는 걱정과 관련된 유전자 'SLC6A4'가 발견되기도 했습니다. 이 유전자가 정상적인 상태보다 짧으면 걱정을 더 많이 하게 되고, 감정의 뇌인 편도체가 더 활성화된다는 것이 밝혀진 거죠.

갑자기 어려운 용어들이 나와서 당황하셨을 수도 있습니다. 지금 어려운 뇌 부위나 신경전달 물질을 공부하자는 것은 아닙니다. 다만 우리의 뇌 활성화도, 신경전달 물질도, 유전적 요소도 모두 우리 안에 있는 것들이기 때문에, 걱정과 걱정으로부터 오는 불안도 우리 안에서부터 시작된다는 것을 이해하고 인정할 필요가 있다는 것입니다.

걱정이 머릿속에 존재하는 것을 인정하는 일이 왜 중요할까요? 바로 걱정의 주체를 '나'로 규정하기 때문입니다. 걱정이 우리 안에서 시작된다는 것을 인정하는 순간, 걱정을 통제할 수 있는 열쇠가 나 자신에게 있다는 사실을 깨닫게 됩니다. 그러면 걱정하지 않는 삶으로 변화하는 것이 훨씬 수월해지죠. 걱정이 외부에서 온다고 믿는다면, 걱정은 피할 수 없는 적이 돼버리고 맙니다. 내 마음대로 조절할 수도, 통제할 수도 없게 되어 더욱 힘들어집니다.

보스턴대학교 심리학 교수 데이비드 발로우는 "불안이라는 정서 자체는 병리적이지 않다"라고 말했습니다. 그의 이론에 따르면 우리는 안전과 안녕을 보장받고 싶어서 자연스럽게 걱정하게 되는데, 이를 통해 잠재적인 위험을 감지하고 대처할 수 있다는 긍정적인 면도 있다고 봅니다. 걱정이 과도할 때는 우리를 병들게 하지만 적절하게 관리만 해준다면 오히려 긍정적인 효과를 누릴 수 있는 것입니다.

심리학자들이 걱정하는 사람들을 도울 때는 주로 인지치료(Cognitive Therapy, CT)라는 방법을 사용합니다. 인지치료는 걱정을 유발하는 부정적인 사고 패턴을 바꾸고, 건설적인 대처 능력을 강화합니다. 역시 우리의 걱정이 현실의 외부에 있는 것이 아니라 머릿속 내부에 있다는 것을 전제로 한 치료법이죠. 인지치료는 걱정으로 긴장된 우리의 신체를 완화하고 복잡한 머릿속에 긍정적인 미래상을 살포시 놓고 가서 걱정으로부터 흔들리지 않게 도와줍니다.

정리하자면, 우리 머릿속에 있는 걱정들을 적절히 관리하면 긍정적인 효과도 누릴 수 있다는 것입니다. 어떤가요? 조금 마음이 놓이시나요? 그렇다면 이어서 걱정을 관리할 수 있는 방법을 통해 차근차근 걱정을 줄여봅시다.

한꺼번에
너무 많은 일을
하려고 하지 말자

●

A는 회계사무소에서 일하고 있는데, 일 특성상 아주 바쁜 시즌에는 야근을 해서라도 빠르고 정확하게 일 처리를 해야 합니다. 그래서 이 기간만 되면 걱정과 스트레스가 많은 편이지만 다른 직원들도 함께 일하므로 혼자 볼멘소리를 할 수는 없다는 것도 잘 알고 있습니다.

사실 더욱 힘든 건 동료들과의 비교 때문입니다. A도 나름대로 제계석으로 일 처리를 하는 것 같은데 동료들과 비교하면 업무처리량이 부족합니다. 더 빠르고 더 정확하게 일을 처리해내는 동료들과 괜스레 비교하게 되고 자존감도 떨어지는 것 같습니다. 내가 유별난 것 같고 일머리가 부족한 것 같아서 의욕이 없지만 그래도 쏟아지는 일을 최대한 처내봅니다.

B는 주 3일 카페 아르바이트를 하며 학교생활을 성실하게 하는 대학생입니다. 그런데 시험기간만 다가오면 멘붕에 빠집니다. 여느 친구들처럼 평상시에는 별로 공부하지 않다가 특히 시험 기간만 되면 카페 아르바이트에, 한꺼번에 몰리는 과제에, 거기다가 시험 준비까지 해야 하니 압박감을 견디기 힘든 것입니다.
틈틈이 시간을 절약해가며 과제나 공부를 하려고 노력해도, 한꺼번에 너무 많은 것을 하자니 가슴이 답답해지고 잘 해내지 못할 거라는 걱정이 밀려옵니다.

이처럼 우리 삶에서 한꺼번에 많은 일을 처리해야 하는 상황은 언제든 찾아올 수 있습니다. 어쩔 수 없는 외부 환경 때문에 또 스스로의 미루는 습관 때문에 한꺼번에 많은 일을 처리해야 하는 때가 생깁니다. 잘 해낼 수 있을지, 다 해 낼 수 있을지 걱정과 초조가 밀려와서 어깨가 더더욱 무거 워지는 시기죠. 이때 걱정을 해소하려면, 먼저 사람마다 일 을 처리할 수 있는 용량과 방식이 다르다는 것을 이해해야 합니다.

1리터의 물을 어딘가로 옮겨 담아야 할 때를 생각해봅시 다. 페트병에 옮긴다면 물을 흘리지 않고 잘 받아 담을 수 있 습니다. 한편 넓은 그릇에 옮긴다면 물을 얼마 담지 못하고 옆으로 다 튀어 흘릴 수 있습니다. 둘의 활용도를 비교해보 면 어떨까요? 페트병은 물을 보관하거나 따라 마실 때의 용 도로 좋고, 그릇은 세수를 하거나 요리를 할 때 좋습니다. 우 리도 마찬가지입니다. 페트병과 그릇처럼 각자의 활용도가 다른 것입니다.

어떤 사람은 짧은 시간 내에 빠르게 처리하는 일을 잘하 고, 어떤 사람은 긴 시간을 인내하며 꼼꼼하게 처리하는 일 을 잘합니다. 한꺼번에 여러 일을 하지 못한다고 자신의 능력에 대해서 다른 사람들보다 부족하다고 여기는 A와 B는 스스로 걱정거리를 만들고 있는 것입니다. 자신의 순간 대처 능력이 부족한 것 같다면 일을 미루지 않고 미리 정리해 두는 노력이 더욱 필요할 것입니다. 임기응변에 능한 스타일이라도 더 높은 성과를 이루기 위해서는 한꺼번에 일을 처리하지 않도록 미리 준비하는 것이 좋습니다. 1리터의 물을 한꺼번에 콸콸 부어버린다면, 페트병이든 그릇이든 상관없이 물을 잘 받아내지 못하게 되겠죠?

우리는 여러 가지 이유로 일을 미룹니다. 일을 시작하는 것 자체가 불안해서, 잘 해내지 못할 것이라는 낮은 효능감 때문에 일을 미룰 수도 있습니다. 또, 실질적인 목표 수립과 계획이 부족하거나 완벽하게 일을 처리하려는 강박관념 때문일 수도 있습니다.

이런 이유로 일을 미루다 보면 결국 한꺼번에 너무 많은 일을 처리하게 되는데 이때 우리 생각과 마음에는 걱정과 불안이 발생하게 됩니다. 걱정에 휩싸이면 집중력이 저하되

어 일을 할 때 정보를 처리하는 능력이 감소하기 때문에 일
처리에 지장이 생긴다는 뇌 연구 결과가 있습니다.

여러 일을 동시에 하려고 할 때는 일의 세부사항을 놓치
거나 오류 가능성이 커집니다. 따라서 효율적이고 정확하게
일 처리를 하기 위해서는 걱정을 잠재우고 한 번에 하나씩
집중하여 처리하는 것이 효과적입니다. 여러분은 오늘 어떻
게 공부하거나 일하셨나요? 한꺼번에 너무 많은 일을 이루
려고 하진 않으셨나요?

걱정도
습관이다

•

미국의 철학자이자 작가인 앨버트 허버드는 "인생에서 저지를 수 있는 가장 큰 실수는 실수할까봐 끊임없이 걱정하는 일이다"라는 명언을 남겼습니다. 100년도 더 된 명언이지만 걱정이 많은 우리에게 생각할 거리를 주는 말입니다. 실제로 사람들은 하루에 크고 작은 걱정을 몇 번이나 할까요? 미국 오하이오에 있는 신시내티대학교의 2015년 연구에 따르면, 성인 10명 중 2명은 하루에 무려 45번이나 걱정한다고 합니다.

이렇게 습관처럼 걱정을 많이 하는 이유는 걱정하는 것의 핵심 주제가 건강, 돈, 관계, 일처럼 삶에서 중요한 문제들이기 때문입니다. 누구라도 이 4가지 주제를 완전히 벗어날수 없을 텐데, 이 책을 읽고 있는 여러분들은 최근 어떤 주제에 대해서 가장 걱정을 많이 하고 계신가요?

우리가 처음부터 이 주제들에 대해 걱정하는 것은 아닙니다. 삶에 중요한 문제를 잘 해결하고 예측불허의 상황들로부터 대비하기 위해 매일 끊임없이 생각하는 것부터 시작이죠. 그러다 보면 자신도 모르게 스스로 제어할 수 없는 감정과 생각들에 휩쓸려 큰 부작용을 겪게 되는 겁니다.

걱정이 습관이 되는 중요한 이유 중 하나는 비로 걱정하는 것 자체가 우리에게 좋은 영향도 주기 때문입니다. 걱정은 문제 상황을 예측하게 만들고 건강하게 대처할 수 있도록 도와줍니다. 또 자극제가 되어 우리를 더 노력하게 만들기 때문에 목표를 달성할 수 있도록 놓는 에너지를 주죠. 다만 걱정이 습관이 되면 현재를 살아가는 우리의 일상을 방해하

고 매 순간 불안 속으로 자신을 몰아넣기 때문에 신체적으로
도, 심리적으로도 부정적인 영향을 받을 수 있습니다.

저는 걱정을 커피에 비유하곤 합니다. 하루에 커피 한두
잔은 우리에게 좋은 영향을 주지만 누구라도 하루에 커피를
10잔, 20잔이나 마신다면 심장이 쿵쿵 뛰고 과도하게 각성
이 돼서 오히려 고통스럽고 불안한 하루를 살게 될 겁니다.
걱정도 마찬가지입니다. 적당한 수준의 걱정은 도움이 되지
만 습관적인 걱정은 우리를 고통스럽게 만듭니다. 그러니
습관처럼 걱정을 하고 계신다면 커피를 줄이듯, 걱정을 줄이
기 위한 노력이 필요합니다.

한 연구기관에서 습관적인 걱정을 조사해보았더니, 40%
가 '절대로 현실에서 발생하지 않을 미래 사건에 대한 걱정'
이었다고 합니다. 또 30%는 '과거에 이미 일어난 일에 대한
걱정'이었다고 합니다. 스스로가 만들어낸 미래에 대한 걱정
과 돌이킬 수 없는 과거에 대한 걱정만 내려놓아도 약 70%
의 걱정거리로부터 자유로울 수 있게 됩니다.

걱정은 눈 깜짝할 사이에 발생합니다. 걱정을 점검하면서 습관적으로 걱정하고 있는 내 모습을 발견하게 되면, 그 모습에 대한 새로운 걱정이 시작될 수 있죠. 걱정은 빠른 속도로 확산하고 조절하기도 어렵기 때문에 극복하는 것은 결코 쉬운 일이 아닙니다. 그래서 걱정 습관을 바꾸기 위해서는 시간과 노력이 필요합니다.

'그럼에도 불구하고' 걱정하는 습관을 극복한다면 반드시 더 건강하고 평온하며 행복한 삶을 살 수 있습니다. 그러니 해결할 수 없는 문제에 대해 걱정하는 것보다 해결할 수 있는 방법을 찾아내는 것으로 시선을 조금만 돌려봅시다. 그러면 그것은 걱정이 아닌 문제해결을 위한 계획이 될 수 있습니다.

마음이 지치면
모든 것이
배가 된다

•

여러분은 언제 몸과 마음이 지쳤다는 걸 느끼시나요? 직장에서 일에 치이고 사람에 치일 때? 아마 정신없이 바쁘게 무언가를 할 때 지쳤다는 표현을 사용하는 것 같습니다. 그렇다면 지쳤을 때 주로 어떻게 쉬고 있나요? 어떤 사람들은 운동하거나 등산, 서핑 등 몸을 움직이면서 스트레스도 풀고 활력 수준을 높이려고 합니다. 반대 성향의 사람들은 휴일에 작정하고 늘어지게 잠을 자고 못 본 예능이나 드라마를 몰아보기도 합니다. 우리는 이것을 휴식이라고 부르죠. 그런데 정말 이런 방식의 휴식이 우리의 정신 에너지를 충전시켜 줄까요?

우리가 일상에서 취하는 휴식의 대부분은 몸에 초점이 맞춰져 있습니다. 이전에는 우리 몸이 휴식을 취할 때 우리의 마음도 충전이 될 거라고 생각했습니다. 그런데 2001년 미국의 신경학자 마커스 레이클이 우리 몸이 쉴 때 우리의 마음은 분주하게 활동하고 있다는 뇌과학적 사실을 발견합니다. 이를 디폴트 모드 네트워크(Default Mode Network: DMN)라고 하는데, 우리가 지친 마음을 달래주지 않은 상태에서 몸의 휴식을 취하면, 마음의 피로가 쌓여서 결국 모든 것이 두 배로 힘들어질 수 있다는 것입니다.

마음이 지친 상태에서 회복하지 못한다면 일상생활의 모든 측면에 영향을 받습니다. 펜실베니아대학교 스타브스키 박사의 연구에 따르면 마음이 지친 사람들은 일상에서 겪을 수 있는 스트레스에 더 많이 화를 내거나, 우울해하거나, 긴장을 하는 등 다른 사람들보다 민감한 반응을 보인다고 합니다. 화를 감내할 힘이 부족해서 내 안에 담아두고 처리하지 못하기 때문에 밖으로 분출하는 것입니다.

특히 마음이 지쳤을 때는 인간관계에도 많은 영향을 줍니다. 지친 마음으로는 다른 사람의 의견을 충분히 수용하지 못하게 되니 관계에 부정적인 영향을 미치게 됩니다. 그래서 저는 고민과 걱정을 쏟아내듯 털어놓는 내담자에게는 별다른 조언을 해주지 않습니다. 지친 마음으로는 아무리 올바른 충고와 조언을 듣더라도 받아들이기가 어렵기 때문입니다. 그저 같이 있어 주고 마음이 얼른 회복될 수 있도록 위로와 용기의 말을 전해줄 뿐이죠.

지금 몸과 마음이 어떤 상태인지 한 번 살펴보세요. 몸은 지쳤지만 마음은 활력이 있을 수 있고, 반대로 몸은 건강하지만 마음은 공허하거나 복잡한 고민과 걱정거리 때문에 주저앉아 있을 수 있습니다. 당연히 두 영역 모두 건강한 것이 좋습니다. 두 영역에 필요한 것들을 잘 챙기고 있는지 확인해봐야 합니다.

몸의 휴식을 위해서는 충분한 휴식과 수면, 규칙적인 운동과 건강한 식습관처럼 생활 습관과 관련된 부분이 잘 이루어지고 있는지 점검하고 개선해야 합니다. 마음의 휴식을 위해서는 심호흡이나 호흡에 집중하는 호흡명상, 생각을 알아차리고 툭 내려놓는 마음챙김 명상, 이타성을 높이고 내 마음을 보호하는 자기 자비 명상과 같은 방법들이 좋습니다.

세상을 살아가다 보면 몸과 마음이 지치는 때가 반드시 옵니다. 그럴 때는 잠시 멈춰서 작은 상처들을 돌봐주세요. 멈춰 있는 순간에는 주변보다 뒤처지는 것처럼 느껴져서 걱정될 테지만 마음을 돌보는 시간은 꼭 필요합니다. 세상에서 가장 빠른 모터스포츠 F1 경기에서도 자동차를 정비하는 시간이 여러 번 주어집니다. 그렇지 않으면 더 큰 문제가 발생해서 정비시간이 몇 배로 더 필요하게 될 겁니다. 그러니 용기를 내어수시로 멈춰서서 내 마음을 바라보고 돌봐주세요. 그렇게 해도 괜찮습니다.

가장 중요한 건
나 자신을
믿는 마음

•

우리가 걱정을 하는 방향성은 크게 2가지로 나눠볼 수 있습니다. 첫 번째는 외부 걱정입니다.

C는 현재 취업 준비에 한창입니다. 학교를 다닐 때는 꾸준히 외국어를 공부해서 자격도 충분히 달성했고, 입사하고 싶은 회사들에서 요구하고 있는 봉사활동과 공모전 경력도 충분히 준비를 마친 상황입니다. 그러나 벌써 낙방한 경험이 다섯 번이나 됩니다.

남은 회사는 단 한 곳뿐이고 최종 면접까지 마친 상태라 합격 소식만 애타게 기다리는 중입니다. 매일매일 초조한 마음으로 기다리고 있지만 워낙 쟁쟁한 사람들이 많아 상황을 예측할 수 없어 걱정이 가득합니다.

C와 같은 상황에서는 누구라도 걱정을 할 수밖에 없습니다. 대학 입학, 자격증 시험, 입사 결과 등 우리 삶에서는 중요하면서도 피할 수 없는 불확실한 상황을 만나게 됩니다. 더 이상 할 수 있는 게 없더라도 걱정이 되는 건 누구에게나 보편적인 현상입니다. 그저 최선을 다한 자신을 믿고 기다려주는 것밖에는 할 것이 없죠. 그래서 이러한 외부 걱정을 '피할 수 없는 걱정'이라고 부르기도 합니다.

중요한 것은 두 번째인 내부 걱정입니다. 내부 걱정은 외부 걱정과 다르게 '스스로 만들어낸 걱정'으로 불리는데 자기 자신을 옥죄는 사슬과도 같습니다.

D는 한번 일을 맡으면 완벽하게 해내려는 완벽주의 성향이 있습니다. 평소 업무를 할 때 그 일의 중요도에 상관없이 여러 번 확인하고 또 확인하는 만큼 정확함을 중요하게 생각하는 스타일입니다.

그 덕분에 언제나 좋은 평을 듣고 인기도 많던 D는 최연소 팀장 후보로 거론되어 큰 발표를 진행하게 됐습니다. 결전의 날, D는 임원들 앞에서 멋지게 발표를 시작했습니다. 그런데 중간에 준비한 자료에서 오탈자를 발견한 것입니다.

그 순간, D는 '오탈자가 있네? 큰일이다! 망했다! 이런 실수를 하다니!' 같은 생각에 사로잡혀 발표에 집중하지 못했습니다. 나중에 가까운 동료에게 물어보니 오탈자를 발견한 사람은 한 명도 없었습니다.

회사에서 이미 여러 번의 검증을 걸쳐 팀장 후보가 된 D가 발표 자료에 작은 오타를 냈다고 그것을 큰 오점으로 생각하는 사람이 과연 얼마나 될까요? 결국 오탈자에 주의를 빼앗긴 것은 그 자신뿐이었고, 스스로 걱정에 꼬리를 물어 일을 그르

친 것입니다. 만약 D가 작은 실수가 있더라도 자기 자신을 조금 더 믿어줬더라면 결과는 어땠을까요?

나 자신을 믿어주는 마음을 심리학에서는 자기효능감(Self-Efficacy)이라고 합니다. 자기효능감은 자신의 능력에 대한 믿음과 새로운 일을 대하는 태도와 관련이 있는데, 자기효능감이 높으면 낯설고 어려운 상황을 마주하더라도 두려움에 주저하기보다는 자신을 믿고 나아가는 태도를 취합니다. 따라서 자기효능감이 높을수록 걱정 수준이 낮아지는 것으로 밝혀졌습니다.

우리가 일상에서 만나는 일은 대부분 우리의 능력으로 해결할 수 있는 정도입니다. 걱정거리를 맞다뜨렸을 때 자신을 믿어준다면 걱정과 불안이 줄어들어 일을 잘 처리할 수 있게 됩니다. 하지만 자신을 믿어주지 못한다면 더 큰 걱정과 불안이 더해지면서 문제해결에 대한 흥미나 동기마저도 저하됩니다.

알버트 아인슈타인은 "나는 그저 나의 호기심을 믿고 따라 나아갔을 뿐입니다"라는 명언을 남겼습니다. 우리는 애초에 완벽할 수 없는 존재입니다. 그러니 완벽한 나를 만드는 것이 아니라 완벽하지 않은 나를 믿어주는 것이 필요합니다. 내가 나를 든든하게 믿어준다면, 어떤 어려움이 와도 앞으로 나아 갈 수 있을 것입니다.

매일 실패한 하루를 살고 있는 것 같다면, 스스로 지난날의 실패 경험을 꽉 붙잡고 내려놓지 못하고 있는 것은 아닌지 점검해봐야 합니다. 실패한 인생은 없습니다. 다만 실패한 인생이라고 생각하는 오늘의 내가 있을 뿐입니다. 앞으로 하는 일이 실패할까봐 걱정된다면 그것은 사실이 아니라 생각이라는 것을 기억해보세요.

2장

꼬리에 꼬리를 무는 생각 정리법

생각이
많으면
의욕이 사라진다

•

특별한 방법으로 뇌를 쉬게 하지 않는 이상 우리의 뇌는 거의 모든 순간에 일을 합니다. 멍 때리면서 산책하거나 커피 한잔을 마시며 창밖을 바라보더라도 그 순간의 따스한 햇볕과 고소한 커피 향은 잠시뿐, 머릿속에서는 끊임없이 생각이 피어나고 곧 꼬리에 꼬리를 물게 됩니다. 도대체 우리는 왜 계속해서 생각을 하게 될까요?

그 답은 진화심리학에서 찾아볼 수 있습니다. 그 옛날, 우리의 조상이 산에 올라갔다가 아름다운 버섯을 발견하여 먹고 심각한 배탈에 시달렸다고 해봅시다. 배탈로 크게 고생하는 동안 우리 뇌는 생존과 관련된 각종 신호를 정리하기 시작합니다. 온몸으로부터 전해지는 고통을 뇌의 저장장치로 보내면서 해당 버섯의 색깔이나 크기, 무늬와 같은 특징을 기억하게 됩니다. 미래에 비슷한 버섯을 보게 되면 어떻게 대처해야 하는지까지도 꼼꼼히 준비하게 만듭니다. 이런 과정이 우리의 생존에 도움이 되기 때문에 우리는 일상에서 끊임없이 생각하게 되는 겁니다.

현대사회에서도 우리는 여전히 많은 생각 속에서 살아갑니다. 회사에서 몰두해서 일하다가 잠시 화장실에 갑니다. 화장실 칸막이 안에서 몸은 용변을 보고 있지만 머릿속에서는 여전히 일 생각뿐입니다. 지금 내가 이 일을 잘하고 있는지 점검하거나, 다시 자리로 돌아가서 일을 더 효율적으로 하기 위해 미래의 시간 관리나 계획을 재수립하기도 합니다.

생각이 많으면 좋은 점이 많습니다. 문제해결을 위한 효과적인 방법을 더 잘 찾아 적용할 수 있고, 창의적인 생각이나 잠재적인 결과를 추측하면서 더 나은 의사결정을 하게 도와주죠. 하지만 부작용도 만만치 않습니다.

과도한 생각은 미래에 대한 과도한 걱정으로 이어지면서 스트레스를 발생시키고 신체 근육을 긴장시킵니다. 또 생각하느라 일에 집중하지 못하거나, 더 나은 선택이 뭔지 끊임없이 생각하면서 결정을 내리지 못하는 우유부단한 모습을 보이기도 합니다. 저도 배달 앱을 켜놓고 20분, 30분 동안 어느 브랜드의 치킨을 먹을지, 어디서 시켜야 할인을 더 많이 받을 수 있을지, 리뷰는 어떤지 보고 생각에 빠져 있다가 결국 원하는 가게가 영업 종료를 하는 바람에 풀이 죽어 라면을 끓여 먹었던 기억이 납니다.

최근 가수 브라이언이 한 방송에서 자신의 고민을 토로한 적이 있습니다. 생각이 너무 많아서 20년째 불면증으로 고생하고 있는데, 밤에 사기 위해 누워도 생각이 멈추지 않고, 심지어는 '자야 해! 지금 자야 내일 아침에 제대로 일어날 수 있어!'와 같은 생각 때문에 잠드는 것이 어렵다고 호소했습니다. 이렇게 정신적으로 과잉 활동 상태가 되면, 해야 할 일을 미리 머릿속으로 지나치게 세세하게 생각하다 보니 정작 실제로는 하고자 하는 동기가 떨어지게 됩니다.

한 심리실험에서도 과도한 생각이 의욕을 떨어뜨린다는 연구 결과를 보여줍니다. A 집단에는 헬스장에 가서 운동하는 모습을 떠올리게 하고, B 집단에는 헬스장에 갈 때 입을 옷부터 어떤 운동을 어떤 순서로 얼마나 할지 구체적이고 세세하게 생각하도록 합니다. 그 후 실제로 어느 집단이 헬스장에 더 많이 방문했는지를 조사해보니, 구체적으로 생각한 B 집단이 그 빈도가 더 적었습니다. 시작도 하기 전에 너무 많은 생각을 하는 바람에 이미 목표를 어느 정도 달성한 것처럼 느끼는 가짜 성취감 때문이었습니다. 또 한편으로는 생각을 많이 하느라 뇌 에너지를 많이 사용했기 때문에 휴식을 취하고 싶은 마음이 커진 것입니다.

많은 사람이 새로운 도구를 사용하거나 새로운 운동을 시작하기 어려워하는 것도 비슷한 맥락에서 해석할 수 있습니다. 생각이 많으면 점점 더 허들이 높아지기 때문에 시작이 어렵습니다. 일단 목표를 정했으면 바로 행동하는 것이 돌파 방법입니다.

저는 평소에 카페에서 아메리카노를 가장 많이 마십니다. 하지만 카페에서 홍보하고 있는 신메뉴에도 꽤 도전하는 편입니다. 처음에는 입맛에 안 맞으면 어떻게 할지 걱정도 되고, 실제로 입맛에 안 맞았던 경험도 많이 했습니다. 그렇지만 먹어보지 않은 메뉴에 도전하는 게 일상 속 소소한 재미가 되기도 하고 맛까지 있으면 기분이 두 배로 좋아지기도 합니다. 그러다가 문득 깨닫습니다. '아! 신메뉴가 어떨지 걱정하다가 결국 아메리카노를 시킨다 하더라도, 신메뉴를 걱정했던 내가 사라지는 것은 아니구나! 오히려 걱정만 더 한 셈이네?' 그래서 그 이후로는 메뉴 걱정을 깊게 하지 않으려고 노력합니다. 여러분은 어떠신가요?

하루가
의미 없었다면
그 이유를 적어본다

•

우리는 하루하루가 소중하다고 생각하지만 실제로는 의미 없는 하루를 보내기도 합니다. 의미 없는 하루라면 직장인에게는 '집-회사-집'이거나 하루 종일 누워 있는 하루가 되겠네요. 그렇다면 우리는 어떻게 해야 의미 있는 하루를 보냈다고 여길까요? 아마 다양한 추억이 존재하는 날일 겁니다. 매년 연말연시가 그렇고, 생일이나 기념일 또는 여행을 가는 날도 특별한 날, 의미 있는 날로 기억할 것입니다.

자, 그럼 잠시 어제를 생각해보세요. 어제 하루는 어떠셨나요? 의미 있는 하루를 보내셨나요? 사실 이 질문의 대답이 무엇이든 상관없습니다. 우리는 매일 의미 있는 하루를 보낼 수 없고, 보낼 필요도 없기 때문입니다. 의미 있는 하루는 몸이 아닌 마음이 결정하는 것입니다. 그래서 평소에 잘 느끼지 못하는 것이 당연한 결과입니다.

예를 들어보면, 우리 몸은 단 한 순간도 쉬지 않고 움직입니다. 1, 2초마다 숨을 쉬고, 눈을 깜빡이거나 심장이 쿵쾅대며 뜁니다. 만약 숨을 쉬는 것에 방해받거나, 심장이 뛰지 않는다면 정말 큰일 나겠죠? 그래서 우리 몸은 움직이지 않을 때 의미를 부여합니다.

반대로 우리의 마음은 평소에는 고요합니다. 호수처럼 잔잔하고, 평온하고, 자연스럽게 흘러가는 상태입니다. 그러다가 갑자기 마음을 울리는 사건이 생기거나 깜짝 놀랄 만한 즐거운 경험을 했다면 우리 마음은 의미를 부여합니다. 만약 우리 마음이 매일 의미를 찾아낸다면 다른 말로는 너무 부산스럽고 혼란스러울 수 있겠죠?

그래서 적정한 삶이 중요합니다. 고요한 일상을 보내다가 가끔은 의미 있는 경험을 하는 것이 좋죠. 하지만 현대사회에서는 의미 있는 삶을 살지 못하는 사람들이 너무 많아졌습니다. 목표만 보고 달려가는 삶을 살다 보니, 의미 있는 경험을 해놓고서도 충분히 바라보지 못한 것이죠. 그렇다면 어떻게 그 의미를 제대로 음미할 수 있을까요? 지금 시작할 수 있는 가장 쉬운 방법은 글을 써보는 것입니다.

하루 중에 의미 있었던 일을 되새기면서 적어보세요. 오늘 하루 즐거웠던 일과 감사했던 일을 찾아보는 것입니다. 그렇게 하루를 되돌아보면 의미 있는 경험이 꽤 많았다는 사실을 발견할 수 있습니다. 또 반대로 오늘 하루가 왜 의미 없었는지 이유를 적어볼 수도 있습니다. 스스로 명확하게 이유를 발견할 수 있고, 새로운 내일을 살아갈 때는 조금 더 의미 있는 하루를 살기 위해 노력할 수 있는 기회가 되어줍니다.

오늘 하루를 적음으로써 우리는 감정과 경험을 더 깊이 들여다볼 수 있게 됩니다. 이 과정을 통해 미처 몰랐던 많은 생각과 감정들을 발견하고 통찰력을 얻을 수 있습니다. 특히 감정의 경우에는 머릿속에서 생각하는 것보다 글로 적었을 때 더욱 객관적인 관점에서 관찰할 수 있게 됩니다. 그래서 긍정적인 감정이라면 서서히 나에게 스며들게, 부정적인 감정이라면 안전한 거리에서 잘 정리할 수 있도록 도와주기도 합니다. 오늘 하루 어떠셨나요? 한번 글로 옮겨보는 것은 어떠신가요?

1년 후의
시점에서
바라보자

·

걱정하는 습관에서 벗어나기 위해 생각을 정리하는 것은 지금 이 세상을 살아가는 우리에게 너무나 필요한 기술입니다. 사람들은 가끔 걱정 과부하 상태에 빠지게 되면 머리를 식힌다는 이유로 바람을 쐬러 나가거나 운동하면서 기분전환을 시도합니다. 하지만 간단한 기분전환으로는 근본적인 걱정 과부하 상태를 바꾸기가 쉽지 않습니다.

걱정거리를 두고 진지하게 생각을 정리하는 것도 쉽지 않은데, 거기에 더해 걱정에 진하게 묻어 있는 감정을 경험하며 마음이 흔들리거나, 너무 빠른 결론에 이르러 나중에 후회하는 경우도 생길 수 있습니다. 이러한 상황을 방지하기 위해서는 3가지의 걱정 정리 기술을 적절하게 사용하는 것이 중요합니다.

첫 번째, 머릿속에 들어 있는 걱정들을 분류해야 합니다. 분류할 때 기준은 여러 가지가 있을 수 있는데 '과거-현재-미래'의 시간 순서로 분류할 수 있고, 또는 '일상 속 사소한 걱정-현재 중요한 걱정-인생의 중대한 걱정'과 같이 크기 순서로 분류할 수 있습니다. 이렇게 명확한 기준점을 두고 걱정을 분류했다면 실제로 노트에 적어 옮기는 작업을 해야 합니다. 머릿속에 걱정을 머금고 있으면, 어느새 머릿속이 복잡해지고 '내가 이렇게나 걱정을 많이 하고 있었단 말이야?' 같은 또 다른 파생 걱정이 생길 수 있기 때문입니다.

두 번째, 걱정거리가 어느 정도 조직화 되었다면, 성급하게 해결책을 마련하려고 하지 않아야 합니다. 인간은 걱정거리를 빨리 해결하고 안정된 상태가 되고자 하는 기본 욕구가 있습니다. 이에 휘둘리지 말고 가능한 한 천천히 다양한 시각에서 해결책을 찾아야 합니다. 해결책을 꺼내는 과정은 비주얼 싱킹(Visual Thinking)을 추천합니다. 글로 적는 것을 기본으로 하되 그림, 도형, 색상 등을 이용해 시각적으로 표현하면 복잡한 걱정거리가 깔끔하게 정리될 수 있고, 또 이런 과정을 거치면 미래에 후회하지 않는 적절한 결론을 내리는 데 도움이 될 수 있습니다.

세 번째, 걱정을 분류하고 조직화한 후에 해결책까지 정리가 되었다면 1년 후의 시점에서 그 해결책이 얼마나 효과적일지 생각해보아야 합니다. 1년 후의 시점에서 바라보는 것은 몇 가지 이점을 가지고 있습니다. 먼저 지금 하는 걱정의 크기가 작아 보이게 되고, 또 감정적인 영향에서 벗어나 중립적인 마음으로 걱정을 바라볼 수 있습니다. 특히 '난 절대 이 걱정에서 벗어날 수 없을 거야'와 같은 지금 가지고 있는 걱정에 대한 고정관념이나 선입견에서 벗어나 조금 더 개방적이고 유연하게 생각할 수 있게 됩니다.

걱정을 다루기 위한 3가지 정리 기술 중 가장 중요한 것은 바로 세 번째, 1년 후의 시점에서 바라보는 것입니다. 왜냐하면, 걱정거리는 감정의 영향을 크게 받기 때문입니다. 사소한 걱정거리라면 감정의 영향을 적게 받아 '지금'의 시점에서 정리할 수 있지만 걱정거리가 중요해질수록 감정의 영향을 크게 받기 때문에 '지금'의 시점에서는 생각을 정리하기가 어려워집니다.

걱정에서 벗어나기 위해서는 먼저 걱정하고 있는 자신의 모습을 바라보아야 합니다. 그래서 감정의 영향을 덜 받는 시점에서 걱정 프레임을 들여다보는 것이 필요합니다. 걱정 프레임은 우리의 생각을 가두게 되는데, 이는 시간의 이동을 통해 금세 벗어날 수 있습니다. 1년 후의 시점에서 바라보게 되면 걱정 프레임에 갇히지 않고 보다 긍정적이고 희망적인 관점으로 현재의 걱정을 다룰 수 있습니다.

만약 계속되는 걱정으로 마음이 불안하고 감정이 무너진다면 1년 후의 나로 날아가 지금의 걱정을 멀리서 바라보세요. 그럼 생각보다 별것 아니라고 느껴질 수 있습니다. 걱정이 우리를 힘들게 할 수는 있지만 우리를 무너뜨릴 수는 없습니다. 여러분은 걱정보다 더 강인한 존재입니다.

인생에
실패는 있어도
실패한 인생은 없다

•

세계 1위 도시락 업체 스노우폭스의 김승호 회장은 여러 책을 통해 실패에 대해서 많이 언급했습니다. 최근에는 북 콘서트를 통해 실패와 관련된 이야기를 대한민국의 수많은 사장에게 직접 전달하고 있는데 그중 인상적인 말이 있었습니다.

"수백 번 실패한 사람은 수백 번 도전한 사람이고, 한 번도 실패하지 않은 사람은 한 번도 도전하지 않은 사람입니다."

어쩌면 살면서 한 번쯤 들어봤을 법한 내용이고, 빠르게 수긍이 가는 내용입니다. 그렇지만 정작 일상을 살아가는 가운데에서 실패를 경험하게 되면 세상이 무너지는 것 같은 마음이 드는 것도 사실입니다. 어떤 일에 실패하더라도 그것이 인생의 실패는 아니라는 사실을 알지만 우리는 다시 일어나지 못할까봐 걱정합니다.

주위 사람들은 무너진 내 마음도 모르고 '훌훌 털고 일어나라', '다시 도전하면 되지'라고 말합니다. 따뜻한 위로의 말인 줄 알면서도 가끔은 시커멓게 타버린 내 속을 몰라주는 것만 같습니다. 이럴 때는 '실패한 오늘은 있지만 실패한 인생은 없다'는 말을 되새기며 타협해보면 어떨까요?

A는 어느 때처럼 매일 같은 시각 출발하는 통근 버스를 타러 집을 나섰는데 1층에 내리자마자 중요한 물건을 놓고 나왔다는 사실을 깨닫게 됩니다. 안도의 한숨을 쉬며 다시 엘리베이터를 잡아보지만 내 속도 모르고 맨 꼭대기 층까지 올라갔다가 내려오는

중에 다섯 번도 더 멈춰 선 것 같습니다. 점점 버스 시간이 다가오면서 조바심이 나고, 결국 다시 나와 정류장까지 뛰어갔을 땐 눈앞에서 버스가 막 떠나고 있습니다.

짜증스러운 아침을 시작으로 회사에서 치이고, 고객에게 치입니다. 자신에게 기분 전환용으로 선물한 비싼 음료는 어째서인지 한 모금 마시자마자 손에서 미끄러져 바닥에 쏟아져 버립니다. 그렇게 오늘은 저녁까지 실패감만 가득한 하루를 보냅니다.

아침부터 운수가 나쁜 것 같고, 그날은 뭘 해도 잘 안 풀리는 날이 있습니다. 실패로 물든 하루는 누구에게나 찾아옵니다. 그렇지만 매일 그런 하루가 반복되지는 않습니다. 내일의 하루는 누구에게나 새롭게 주어지기 때문입니다. 만약 오랜 시간 동안 반복되는 실패를 경험하고 있다면, 그것은 실패한 하루가 반복되는 것이 아니라 내 마음의 창문이 실패로 물들었다고 설명하는 것이 더 정확합니다.

여러 번의 실패를 경험하다 보면 스스로 '실패한 인생'이라는 낙인을 찍어버리게 되는데, 그렇게 되면 새로운 하루를 살아도 '실패로 규정지어진 창문'으로 맞아들이게 됩니다. 마치 스테인드글라스를 통해 들어오는 빛의 색깔이 다른 것처럼 말이죠. 여러분의 오늘 하루 색깔은 어떠한가요? 청아하고 맑은 푸른빛인가요? 어둡고 짙은 붉은빛인가요? 물론 빛은 언제나 투명하다는 사실을 잊어서는 안 됩니다.

불교 조계종의 경전《금강경》에는 노승과 제자의 이야기가 나옵니다. 두 승려가 길을 가다가 개울을 건너지 못해 난감해하는 여인을 만나게 되는데, 노승이 얼른 여인을 업어 개울을 건너게 해줍니다. 그 광경을 본 제자는 '어찌 수행하는 이가 여자와 몸을 맞댈 수 있지?' 하는 생각에 당황합니다. 한참을 걷는 중에 제자가 참지 못하고 노승에게 물었습니다.

"사부님, 어찌 수행하는 이가 여자와 몸을 맞댈 수 있습니까?"

그러자 노승이 빙그레 웃으며 대답했습니다.

"나는 그 여인을 아까 내려놓았는데 너는 아직도 내려놓지 못했구나."

우리가 매일 실패한 하루를 살고 있다면, 스스로 지난날의 실패 경험을 꽉 붙잡고 내려놓지 못하고 있는 것은 아닌지 점검해봐야 합니다. 실패한 인생은 없습니다. 다만 실패한 인생이라고 생각하는 오늘의 내가 있을 뿐입니다. 앞으로 하는 일이 실패할까봐 걱정된다면 그것은 사실이 아니라 생각이라는 것을 기억해보세요. 그것이 나에게 더 도움이 되는 방식이 될 겁니다.

결정할 일은
기한을 정해놓고
생각하자

•

"죽느냐, 사느냐, 그것이 문제로다."

셰익스피어 4대 비극 중 하나인 《햄릿》의 명대사입니다. 주인공 햄릿은 우유부단한 성격으로, 요즘으로 따지면 결정장애(실제 정신장애로 분류되지는 않지만)라고 볼 수 있습니다. 그래서 결정 내리지 못하고 오랜 시간 고민하는 증세를 햄릿 증후군(Hamlet Syndrome)이라고도 합니다.

우리가 결정 장애를 겪는 이유는 크게 3가지입니다. 먼저 현대사회는 명확하고 빠르게 결정을 내리기 부담스러울 정도로 정보의 양이 많습니다. 정보의 홍수 시대라고도 하죠. 두 번째로는 부모의 과잉보호 문화입니다. 자녀를 애지중지 키우다 보니 부작용으로 부모가 자녀를 과잉보호하게 되고, 이에 자녀는 지나치게 의존적인 성격이 되어 스스로 의사결정을 하는 데 어려움을 느끼게 됩니다. 마지막은 완벽주의 문화에 있습니다. 상대평가와 경쟁사회로 물든 이 시대에 살아가는 우리는 완벽한 선택지를 요구받습니다. 그러다 보니 최고의 정답을 골라야 하는 압박감에 결정하기 어려워집니다.

매 순간 더 좋은 결정을 내리며 살아가야 하는 우리는, 매 순간 더 나은 선택을 하지 못할 것이라는 불안과 두려움에 휩싸여 있다는 뜻이기도 합니다. 사실 언제나 최고의 결정을 하는 사람은 어디에도 없습니다. 그렇기 때문에 결정에 앞서 마감 기한을 설정하는 것이 더더욱 중요합니다.

인지심리학자 아모스 트버스키와 행동과학자 엘다 샤피

르는 마감 기한에 관한 재미있는 실험을 했습니다. 학생들에게 긴 설문지를 주고 답안을 작성해오면 5달러를 주겠다고 한 것이었는데, 한 그룹에는 설문 제출 기한을 5일로 정해주었고, 다른 그룹은 기한을 정해주지 않았습니다. 결과는 어땠을까요? 기한을 정해준 그룹은 66%가 설문지를 제출했지만, 기한을 정해주지 않은 그룹은 단 25%만 설문지를 제출했습니다. 5달러는 그리 큰돈이 아니기 때문에 학생들을 움직인 건 마감 기한이 있느냐 없느냐의 차이로 밝혀졌습니다. 즉 마감 기한은 우리에게 동기를 부여하여 일을 진행하도록 만듭니다. 이 덕분에 결정하고 실행하기까지 밀려드는 걱정에서도 빨리 벗어날 수 있죠.

물론 부작용도 있습니다. 좋아하는 일도 마감 기한이 있으면 해야 한다는 의무감 때문에 재미가 없어지고 결국 성과의 질이 떨어질 수 있다는 것입니다. 그렇다면 어떻게 해야 할까요? 다행히도 심리학자들은 계속되는 연구를 통해 더 나은 해결책을 내놓곤 합니다.

행동경제학자 댄 애리얼리와 클라우스 베르텐브로흐가 심리실험으로 이 문제의 해결책을 제시했습니다. 이들은 MIT 대학생들에게 과제를 주고 마감 기한을 설정하는데, 첫 번째 그룹에는 마감 기한을 연구자들이 정해주었고, 두 번째 그룹에는 스스로 마감 기한을 정하도록 했습니다. 결과는 어땠을까요? 두 번째 그룹이 통제감과 책임감을 느끼고 과제를 더 성실히 했음을 발견할 수 있었습니다. 앞선 두 심리실험 결과를 통합하면, 스스로 마감 기한을 정할 경우, 걱정이 줄고 행동하게 되며, 성과의 질도 보존할 수 있다는 것입니다.

우리는 매 순간 선택하고 결정을 내리며 살아가야 합니다. 우유부단한 성격과 꾸물거림으로 머릿속이 걱정으로 물들고 있다면, 스스로 마감 기한을 정해보세요. 걱정하는 시간으로부터 자유로워져서 일을 더 빨리 해내고 좋은 성과를 내는 나를 만날 수 있을 것입니다.

흔들리는 마음을
붙잡아줄
좋은 문장 기록하기

•

우리는 살아가면서 종종 위로와 공감의 글귀를 만나게 되는데 그중 인상적인 문장은 각자의 마음 한편에 간직하곤 합니다. 그렇게 몇 개의 문장쯤은 품게 되지만 필요할 때 꺼내볼 수 있도록 기록해두는 사람은 많지 않습니다. 지금 여러분들의 머릿속에 떠오르는 나만의 힐링 문장은 무엇이 있으신가요? 그것을 한번 적어보세요.

심리학 중에서도 긍정심리학에서는 문장을 기록하는 과정

을 아주 중요하게 생각합니다. 행복, 용서, 사랑, 감사, 가치관 등 삶을 풍요롭게 만들 수 있는 주제들에 대해 다양한 방식의 글쓰기를 하는데 이 과정은 단순히 우리를 위로해주는 것을 넘어 강력한 심리치료 효과를 보이기도 합니다. 대표적인 글쓰기 심리치료 과정으로는 셀프 어퍼메이션(Self-Affirmation)이 있습니다. '자기 가치 확인' 또는 '자기 긍정'이라고 말하는데, 자신을 선하고 유능한 존재, 양심 있고 능력 있는 존재로 생각하는 것입니다. 간단한 예시를 들어볼까요?

만약 제가 여러분에게 '춤을 정말 잘 추시나요?'라고 질문하면 어떤 대답을 하실 건가요? 또는 '노래는 진짜로 잘 부르시나요?'라고 질문한다면 어떤 대답을 하실 건가요? 이처럼 10개의 질문을 한다면 2, 3개 정두는 잘한다고 답할 수 있을 겁니다. 하지만 100개의 질문을 던진다면 어떨까요? 잘한다고 대답한 것이 10개에도 미치지 않을 수 있습니다. 그럼 우리의 마음속에서는 이런 생각이 떠오를 수 있습니다.

'나는 잘하는 게 별로 없네? 그다지 가치 있는 사람이 아닐지도 몰라!'

이 세상은 너무 거대해서 모든 것을 다 잘할 수 없습니다. 그런 세상을 살아가다 보니 빈번하게 존재 가치를 위협받게 됩니다. 이때 우리는 자기 가치를 확인시켜주는 생각을 통해 긍정성을 높이고 자존감을 유지하려고 합니다. '그래! 나는 비록 춤도 잘 못 추고 노래도 잘 못 부르지만, 축구랑 게임은 잘하지!'와 같이 말이죠.

사회심리학자 제프리 코헨은 열등생으로 낙인찍힌 학생들을 모아 다음과 같은 질문을 주고 답을 적어보라고 했습니다.

'당신이 가장 중요하게 여기는 가치, 이를테면 가족, 우정, 운동, 악기연주 등은 무엇이고, 그렇게 생각하는 이유는 무엇인가요?'

이 단순한 글쓰기가 과연 효과가 있었을까요? 놀랍게도 이

실험에 참여한 학생들은 3주 후에 성적이 오르기 시작합니다. 열등생이라는 이름으로 규정돼 있던 학생들이 스스로 자신의 가치를 확인하는 과정을 거치자 자신감을 얻어 도약한 것입니다. 그리고 더욱 충격적인 사실은 2년이 지난 후에도 이 학생들의 성적 향상 효과가 유지되고 있었다는 점입니다. 이 실험은 그 공로를 인정받아 세계 최고의 과학 학술지인 《사이언스》에 실리게 됩니다.

우리가 살아가는 이 세상은 너무나 거대해서 나를 공격하는 것이 수천 가지나 될지도 모릅니다. 그럴 때마다 우리는 흔들리는 마음을 붙잡아줘야 합니다. 머릿속으로 나의 가치를 지키는 생각을 하는 것도 좋지만, 정말 효과를 보려면 글쓰기만큼 쉽고 간편한 게 없습니다. 셀프 어퍼메이션 글쓰기의 핵심은 단순히 좋은 문장을 옮겨 적는 것이 아니라 그 문장이 나에게 가치 있는 이유를 찾아 같이 적는 것입니다.

사, 이세 여러분의 가슴속에 와닿았던 처음 그 문상을 다시 적어보세요. 그리고 그 문장이 왜 내 삶에 가치 있는 문장인지

를 적어보세요. 조금 생소할지 모르지만 최선을 다해 진심으

로 글을 써보세요. 오늘의 이 글쓰기가 2년 후의 나의 미래에

영향을 미치게 될 겁니다.

완벽하지 않아도
의미가 있으면 된다

•

여러분은 자신을 완벽주의라고 생각하시나요? 아니라고 대답하셨다면 다행입니다. 하지만 그 말인즉슨, 여러분 옆에 있는 가장 가까운 사람이 완벽주의일 수 있다는 말이 됩니다. 대한민국에 사는 사람 둘 중 하나는 자신을 완벽주의라고 생각하기 때문입니다. 연세대학교 심리학과의 연구에 따르면 우리나라의 53.62%가 본인을 완벽주의자로 정의하고 있습니다. 생각보다 수치가 높죠? 과연 어떤 특성이 우리를 이렇게 만들었을까요? 완벽주의를 측정하는 5가지 질문으로 나의 완벽주의 수준을 측정해봅시다.

1. 평상시에 실수할까봐 걱정하는 편이다
2. 정리 정돈을 중요하게 생각한다
3. 부모님의 높은 기대를 받고 자랐다
4. 목표 성취에 대한 기준이 높다
5. 내 행동이 잘한 행동이었는지 계속 의심한다

한두 가지만 해당하더라도 그 정도가 높다면 완벽주의 성향이 있다고 볼 수 있습니다. 완벽주의 성향의 사람들은 우울, 불안, 소진, 스트레스, 부정적 정서와 깊은 관련이 있습니다. 그렇다면 완벽주의의 부작용에서 자유롭고 건강해지려면 어떤 마음가짐이 필요할까요? 여러 가지 마음가짐 중에서도 효과적인 것이 바로 내가 하는 일에 의미를 부여하는 것입니다.

일반적으로 완벽주의 성향의 직장인들이 직장 생활에서 더 많은 소진을 경험합니다. 그런데 2022년 심리 학술지에 등재된 논문에 의하면, 그들 중 일부는 삶의 의미를 탐색하고 발견할 줄 아는 사람들이었습니다. 그 사람들의 경우 직업으로부터 오는 소진이 적었고, 오히려 삶의 만족감은 더 높았습니다. 즉 일할 때 내가 하는 일의 의미에 대해 생각해보고 나아가 의미 있는 목표와 계획을 세워 실천하는 것이 자기 자신에게 큰 도움이 된다는 것입니다.

완벽주의 성향이 있는 사람들은 실패할까봐 두려워서 일을 미룹니다. 변화와 도전을 피하고 매사에 지나치게 신중합니다. 또 인정받고 칭찬받기 위해 가지고 있는 에너지를 다 써버려서 쉽게 지치곤 합니다. 하지만 여기에 단 하나의 질문이 추가되면 걱정 없이 나아갈 수 있습니다.

'이 작은 행동이 과연 아무런 의미도 없을까?'

한 프로 골프 선수가 홀에 공을 넣기 위해서 마지막 퍼팅을 시도합니다. 3m 떨어진 거리에서 홀을 향해 공을 칠 때 각도가 단 1도만 틀어져도 공이 홀에 들어가지 않는다고 합니다. 어떤 선수든 반드시 공을 쳐내야만 합니다. 공이 들어가길 바라는 마음으로요. 아마 수만 번 연습하고 또 연습했던 퍼팅이 기에 성공확률은 높을 겁니다. 하지만 실제로는 어떤가요? 프로선수이더라도 가까운 거리에서 공을 홀에 넣지 못하는 경우가 꽤 자주 보입니다. 그렇다면 이 완벽하지 않은 퍼팅은 아무런 의미도 없어질까요? 아닙니다. 더 가까워진 상태에서 다음 시도에는 반드시 공을 홀에 넣고 말 것입니다.

성공한 사람은 대부분 과거의 힘들었던 시절이 결국 필요했던 경험이었고, 성공의 자양분이었다고 되새기곤 합니다. 만약 여러분이 지금 힘든 시기에 있다면 나중에 추억할 수 있도록 한 발 당차게 나아가보세요. 이 작고 완벽하지 않은 행동이 나중에 의미 있는 삶의 한 페이지를 완성하게 도와줄 테니까요.

생각이
쌓이기 전에
정리하는 시간을 갖는다

•

'머리가 너무 무거워.'
'머릿속에 걱정거리가 한가득이야!'

일상에서 우리가 종종 쓰거나 들어왔던 말입니다. 그런데 정말 걱정거리가 우리의 머리를 무겁게 할까요? 2022년 프랑스 파리뇌연구소(PBI) 연구팀은 걱정이 쌓이면 피곤해지는 이유를 확인하기 위해 실험을 합니다. 한 집단에는 어렵고 까다로운 과제를 주고, 다른 집단에는 쉬운 과제를 준 다음 뇌가 어떻게 변화하는지 살펴봤습니다. 그 결과, 어려운 집단에서 뇌 신경전달 물질 글루탐산이 8% 더 분비되었음을 발견했습니다. 글루탐산은 정상 범위에 있을 때는 소중한 두뇌 에너지원이 되지만 농도가 상승하면 독성물질로 변해 뇌졸중, 뇌진탕, 알츠하이머 같은 뇌 질병의 원인이 되기도 합니다. 진짜로 독성물질로 인해 머리가 무거워진 거죠.

또 실험 이후 두 집단에 지금 당장 소액의 참가비를 받을지 나중에 더 큰 참가비를 받을지 선택하도록 했는데, 어려운 과제를 해서 머리가 무거워지고 피곤해진 집단이 현재의 적은 보상을 10% 더 선택했습니다. 결국 머릿속이 복잡하고 생각이나 걱정거리가 쌓이게 되면 문제해결 능력도 떨어지고 충동적인 선택을 하게 될 수 있다는 것이 확인된 연구였습니다.

더 나은 삶을 살아가기 위해서는 생각이 쌓이기 전에 머릿속을 틈틈이 정리해줘야 합니다. 온라인서점에 '생각 정리'라는 키워드를 검색하면 이미 100권이 넘는 책들이 등장합니다. 차곡차곡 생각을 구조화하는 방식들부터 인생의 고민과 걱정을 타파하는 다양한 주제들로 구성되어 있죠. 역시 머릿속을 차분히 정리하는 일은 삶에서 중요한 문제임이 분명합니다.

생각 정리와 마음 정리에 대한 사람들의 관심은 시간이 지날수록 점점 고조되고 있습니다. 몇 년 전 방영되었던 TV 프로그램 〈캠핑클럽〉에서 경주 화랑의 한 언덕에 오른 이효리는 바위에 앉아 삶을 돌아보고 정리하는 시간을 보냅니다. 방송을 본 사람들은 그 장면이 인상 깊었는지, 이효리가 앉았던 바위에 앉기 위해 무려 1시간 동안 줄을 서서 기다리는 재미있는 현상이 벌어지기도 합니다. '아무것도 없어도 인생이다'라는 이효리의 성찰이 많은 사람의 머릿속을 시원하게 해줬나 봅니다.

한편 방송인 정선희는 일본 최고의 스트레스 관리 의사의 마음 정리법 책을 번역하면서 이슈가 되었습니다. SBS 1기 공채 개그맨 출신으로 요즘 활약하고 있는 이영자, 홍진경과 함께 당시 큰 인기를 끌었던 그녀는, 1주일에 8개의 프로그램에

고정 출연하는 등 전성기를 맞이했었습니다. 그런데 예상치 못한 일들을 맞닥뜨리게 되었고, 이 모든 일을 둘러싼 각종 루머와 인신공격 등으로 긴 시간 암흑 속에서 공백기를 보내게 됩니다.

그러던 중 2018년 강연 프로그램 〈세상을 바꾸는 시간 15분, 세바시〉에 출연하여 길고 어두운 시간 동안 어떻게 생각과 마음을 정리했는지 진솔한 이야기를 드러냅니다. 정선희가 선택한 방법은 '하루 세 줄'이었습니다. 오늘 가장 안 좋았던 일, 오늘 가장 좋았던 일, 내일의 목표를 한 줄씩, 세 줄로 정리하는 것이었습니다. '정말 효과가 있겠어?'라는 생각이 들 만큼 간단한 방법이지만, 그녀는 이 세 줄이 자신을 살렸다고 합니다.

어떤 방식이든 좋습니다. 일기를 쓰든, 하루 세 줄을 쓰든, 잠을 푹 자든, 멍 때리든 우리는 머릿속에 생각이 가득 차기 전에 비워줘야 합니다. 쓰레기통도 쓰레기가 넘치기 전이라야 제구실을 하는 법이고, 접시도 자신의 그릇에 맞는 음식을 담아야 제구실을 하는 법입니다. 맛있는 음식을 산처럼 쌓은 접시보다, 예쁘게 플레이팅해서 음식과 조화를 이루는 접시가 더 쓰임새 있습니다. 우리의 머릿속을 자주 들여다보고 정리 해준다면 보기 좋고 맛도 좋은 음식처럼 생각들을 쓰임새 있 게 사용할 수 있게 되겠죠?

집중할 것과
놓아줄 것을
정하기

·

심리학에서는 붙잡는 것을 'Holding-On'이라고 하고, 놓아주는 것을 'Letting-Go'라고 합니다. 붙잡고자 하는 마음이 강하면 대상에 집착하게 돼서 통제하고 쟁취하고자 힘을 주게 됩니다. 물론 목표를 정하고 나아가 성취하기 위해서는 강하게 붙잡는 것이 필요합니다. 하지만 목표에 도달한 이후에도 놓지 않고 붙잡고 있다면, 더 이상 다음 목표를 향해 나아가지 못하게 됩니다.

넷플릭스 시리즈 〈더 글로리〉의 주인공 문동은은 자신이 당했던 학교 폭력의 가해자 박연진을 향해 이렇게 말합니다.

"오늘부터 내 꿈은 너야."

박연진과 그 무리에게 말로 표현할 수 없을 정도의 폭력을 당했던 문동은은 결국 학교를 자퇴하고 공장에서 일합니다. 온몸이 상처로 뒤덮인 동은을 살게 한 건 가해자 연진을 향한 증오와 분노 그리고 복수심이었습니다. '매일 생각했어! 연진아', '내 세상은 온통 너야', '우리 같이 천천히 말라 죽어보자, 연진아' 같은 문동은의 대사에서 그것이 절실하게 드러납니다. 목표를 꽉 붙잡고 놓아주지 않음의 정석을 보여주는 드라마입니다.

온 생을 걸어 치밀하게 준비한 복수를 달성하기 위해 동은은 두 손 가득 복수심을 쥐고 무려 20년이라는 세월을 보냅니다. 만약 동은이 처절한 복수심을 내려놓았더라면, 20년이라는 긴 시간은 어떻게 변했을까요? 사실 그 결말은 아무도 모르지만 분명한 건 20년의 세월이 전부 복수심으로 새빨갛게 물들지는 않았으리라 생각합니다.

집중하거나 놓아주는 것을 큐브 맞추기에 비유하곤 합니다. 반드시 풀겠다는 신념으로 몰입해서 하나하나 맞춰나가다가도, 큐브를 내려놓고 밖으로 나가 따사로운 햇살 아래 산책하면서 머리를 식히는 시간이 필요한 것과 같습니다.

우리는 살면서 즐거운 경험이라고 무조건 붙잡아서도 안 되고, 힘들고 어려운 경험이라고 무조건 놓아서도 안 됩니다. 심리학자 마크 엡스타인 박사는 이렇게 말했습니다.

"좋은 것에 대한 애착이든, 싫은 것에 대한 집착이든 과하면 우리를 불행하게 만든다."

우리 마음을 내려다보며 집중해야 할 것과 놓아주어야 할 것이 무엇인지 판단하고, 꽉 붙들고 있던 손을 쥐었다, 폈다 하는 것이 삶에서 중요하다는 사실을 기억해야 합니다.

만두를 빚거나 호떡을 구울 때, 심지어 정확함과 간결함이 생명인 초밥을 만들 때도 완급조절을 하며 몇 번 정도는 손을 쥐었다, 폈다를 해야 합니다. 한 번에 완성되는 것은 없습니다. 그러니 지금 내 삶에서 가장 집중해야 하는 것이 무엇인지, 또 가장 놓아줘야 하는 것이 무엇인지를 생각해보세요. 그리고 이 생각을 몇 번이고 반복하세요.

40년간 심리치료를 해오며 베스트셀러 작가 반열에 오른 독일의 베르벨 바르데츠키는 '놓아줄 때는 놓아주고, 머무를 때는 머무르는 것'이 지금 이 시대를 살아가는 우리에게 적용되는 유일한 심리적 대처법이라고 소개합니다. 걱정거리를 외면하지 않고 해결책을 찾으려 노력하는 자세(집중하기)를 가지다가도, 내가 어찌할 수 없는 걱정거리를 만나게 되었을 때는 과감하게 놓아줘야 한다는 것입니다.

집중하기와 놓아주기를 통해 우리는 상실과 좌절, 실망으로부터 자유로워지게 되고, 불안과 무력감에 빠지지 않게 됩니다. 심리학에서는 이 과정을 심리적 유연성(Psychological

Flexibility)이라고 부릅니다. 여러분의 마음에 유연함을 한 스푼 넣어주세요. 우리는 마음의 변화를 피해 갈 수 없지만, 적응할 수는 있습니다.

결국 수십 번도 더 들어왔던 '시작이 반이다'라는 말은 심리학적으로도 맞는 말이었습니다. 이제 시작해봅시다. 가장 작은 것을 생생하게 상상해보고 슬쩍 실행해봅시다. 여러분은 이미 걱정에 맞설 수 있는 가장 좋은 무기인 작은 실행력을 갖추고 있습니다.

3장

걱정을 놓아주는 확실한 방법

걱정은
잘 해내고 싶다는
마음속 신호

·

걱정을 연구하는 심리학자들에 의하면 대부분의 걱정은 건강, 가족, 경제, 대인관계, 일과 같이 삶의 중요한 영역에서 발생한다고 합니다. 또한 과거에 발생했던 일보다는 미래에 일이 날 일에 대해 더 많은 걱정이 발생한다는 사실에 비춰보면, 우리가 하는 걱정의 대부분은 미래에 발생할 중요한 일을 잘 해내고 싶은 마음이 반영된 것이라고 볼 수 있습니다.

걱정은 모든 사람이 가지고 있는 마음입니다. 걱정이 정상적으로 작용하면 해결해야 할 문제를 명확하게 바라보고 준비할 수 있게 도와줍니다. 심리학과 교수인 그레이엄 데이비는 오래전부터 걱정의 긍정적인 면에 주목해왔습니다. 그는 걱정이 인간에게 꼭 필요하며, 문제해결을 도와주고 미래에 일어날 외상적인 사건을 막아주는 건설적인 심리 과정이라고 정의했습니다.

우리가 걱정으로부터 고통받는 이유는 걱정의 부정적인 면에만 초점을 맞춰왔기 때문입니다. 1950년대부터 2000년대까지 심리학에서는 걱정의 좋은 점을 강조해왔습니다. 다만 '지나치면 안 된다'라는 전제가 있었던 거죠. 우리가 지나치게 걱정하는 이유는, 미래에 발생할 중요한 일을 '지나치게' 잘하고 싶어 하기 때문입니다. 누구라도 중요한 일일수록 더 잘해내고 싶은 마음이 드는 건 당연합니다. 다만 그 마음이 걱정될 만큼 커지지 않도록 관리하는 것이 중요합니다.

심리학자들은 오랜 시간 연구를 통해 지나치게 걱정하는

사람들의 3가지 유형을 발견했습니다. 첫 번째는 불확실한 상황을 특히 못 견디는 사람입니다. 미래에 펼쳐지는 삶은 누구에게나 불확실합니다. 그렇지만 기질적으로 또는 성격적으로 인내력이 부족한 사람들은 다른 사람보다 불확실함을 견디는 것이 힘들어서 그 자리를 걱정으로 채우게 됩니다. 걱정하는 순간에는 불안함에서 잠시 자유로워질 수 있기 때문입니다. 하지만 근본적인 해결책은 아니기 때문에 계속해서 걱정할 수밖에 없습니다.

두 번째는 걱정을 과도하게 좋게 생각하는 사람입니다. 걱정이 문제해결에 도움을 주는 것은 사실이지만, 이 사람들은 더 나아가서 걱정하면 미래에 부정적인 사건을 막을 수 있다고 강하게 믿습니다. 걱정과 상관없이 제앙은 쉽게 일어나지 않습니다. 그런데 이 사람들은 미리 걱정을 한 덕분에 재앙을 피해갔다고 생각하므로, 다음에도 재앙을 피하려고 걱정합니다. 고대 원주민들이 비가 올 때까지 기우제를 지낸 것과 다를 바 없이, 끊임없이 석성하는 개미지옥에 빠지는 겁니다.

세 번째는 문제를 해결하는 데에 계속해서 어려움을 겪는 사람입니다. 이 사람들은 문제를 풀 능력이나 기술을 충분히 갖추고 있음에도 불구하고, 문제를 맞닥뜨리면 얼어붙어서 제대로 해내지 못할 것으로 생각합니다. 결과에 대해서도 미흡한 부분에 초점을 맞추는 특징이 있었습니다. 심리학에서는 이를 '비합리적인 생각'이라고 합니다.

　　결국 지나친 걱정을 관리하기 위해서는 첫째, 인생은 원래 불확실하다는 것을 인정하기. 둘째, 걱정한다고 부정적인 일이 피해갈 거라는 생각을 내려놓기. 셋째, 합리적인 생각을 하고 있는지 점검하기가 필요하다고 정리할 수 있겠습니다. 불안한 마음을 통제한 상태에서는 적당한 걱정이 문제를 올바르게 해결하는 데 도움을 줍니다. 잘 해내고 싶다는 마음속 신호인 걱정을 발견하게 되면, 걱정이 폭주하지 않도록 정성스럽게 관리해봅시다.

특별한 일도 없는데
예민해지는 이유

•

사람마다 한 가지쯤은 확실하게 기피하는 것이 있습니다. 비둘기를 보고 불안해하는 사람(동물 공포), 주삿바늘이 무서운 사람(주사 공포), 번지점프는 절대로 못 할 것 같은 사람(고소 공포), 엘리베이터만 타면 멈추거나 추락할까봐 걱정이 물밀듯 몰려오는 사람(폐쇄 공포)이 있죠. 이렇게 걱정과 불안의 대상이 명확한 것을 특정 공포(Specific Phobia)라고 합니다.

저도 어릴 때는 괜찮았지만 어떤 이유에서인지 어른이 된 지금은 작은 개미를 우연히라도 밟기가 싫습니다. 길을 가다가 귀뚜라미나 무당벌레를 발견하면 흠칫 놀라기도 합니다. 최근에는 동네를 산책하다가 제법 큰 장수풍뎅이를 발견했는데, 순간 잠시 얼음 상태가 되었습니다. 물론 곤충에 대한 걱정과 불안함이 일상에 큰 지장을 줄 정도는 아니지만 신경이 많이 쓰여서 예민해집니다. 곤충에 대한 공포심이 있는 셈이죠. 여러분은 어떤 대상에 예민하게 반응하며 걱정하시나요?

정신건강 영역에서는 걱정과 불안을 크게 두 가지로 구분합니다. 인생을 살아가면서 겪는 일반적인 걱정을 정상적 불안(Normal Anxiety)이라고 합니다. 반면 몸과 마음의 위기 감지 신호가 잘못 작동해서 발생하는 걱정을 병리적 불안(Pathological Anxiety)이라고 합니다. 그리고 병리적 불안 중 가장 대표적인 것이 앞서 설명했던 특정 공포입니다. 하지만 그 다음으로 비율이 높은 것이 범불안(Generalized Anxiety)입니다. 범불안은 특별한 일 없이 평화롭다가도 문득 예민해지고 걱정이 밀려오는 것을 말합니다.

범불안은 공황 증상과 비슷하면서도 차이가 있습니다. 공황은 특별한 이유 없이 극도의 공포심이 느껴지면서 심장이 터지도록 빨리 뛰거나 숨이 차는 것이 주된 특징입니다. 정형돈, 이경규, 이병헌, 차태현, 김구라 등이 대표적으로 공황 증상을 밝힌 방송인인데, 모두 공황 때문에 방송을 쉰 경험이 있습니다.

공황은 신체 증상이 두드러지기 때문에 비교적 빠르고 명확하게 발견할 수 있습니다. 하지만 범불안은 3-6개월 동안 과도한 불안이 틈틈이 찾아오면서 피곤해지고 멍해지거나 왠지 모를 아슬아슬한 느낌이 듭니다. 또는 너무 예민해져서 화를 잘 내거나 불면증을 호소하는 등 그 증상을 명확하게 알기 어려운 방식을 보입니다. 그래서 스스로 발견히기도 어렵고, 주변에서도 눈치채는 것이 쉽지 않습니다.

우리는 아무 일이 없는데 예민해져 있다면 그 이유를 찾으려고 힙니다. 배가 고파서 그럴 거라든지, 날씨가 흐려서 그런 거라고 합니다. 그렇지만 별 이유 없이, 또는 너무 복잡한 신경-생리-심리적 이유로 뚜렷한 원인을 발견하지 못할 수 있습니다. 태어날 때부터 기질적으로 예민함을 타고났을 수도 있습니다. 만약 아무 이유 없이 예민해질 수도 있다는 사실을 받아들이지 못한다면, 우리는 범불안으로부터 끊임없이 괴롭힘을 받게 될 것입니다.

독일 최고의 관계 심리학자 롤프 젤린은 그의 저서 『예민함이라는 무기』에서 이렇게 이야기합니다.

"예민한 사람들은 어떤 부분이 잘못되어 있는지를 빠르게 알아차리고 상대를 배려해줍니다. 어려운 사람을 보면 팔을 걷어붙이고 도우며 상황에 유연하게 맞춥니다."

자신이 남들보다 더 예민한 편이라는 생각이 든다면 다음의 2가지를 점검해보세요. 먼저 왠지 모를 불안 때문에 스트레스를 받고 있다면 그 원인을 찾는 데 집중하기보단 마음을 편안하게 만들고 불안을 조장하는 생각에 대한 해결책은 무엇인지 집중해보세요. 범불안은 원인이 특정되지 않기 때문에 일단 해결을 위한 출발이 필요합니다.

　반대로 예민함을 타고난 성격의 소유자라고 생각하신다면, 예민함을 섬세함의 무기로 바꿔보세요. 자신이 예민해서 다른 사람들보다 자극을 더 많이, 더 강하게 받아들인다는 것을 인정하고 그 풍부한 정보를 활용하려고 노력해보세요. 그렇다면 남들보다 몇 배는 더 관찰력이 뛰어나고, 독창적이며, 안목 있고 가치 중심적인 사람이 될 수 있습니다.

걱정이
많은 사람이라는 것을
인정하라

·

걱정도 유전이 된다면 믿으시겠습니까? 연구 결과에 따르면 17번 염색체 속 특정 DNA의 길이가 짧은 사람이 남을 지나치게 의식하고 사교모임에도 잘 어울리지 못하며 근심 걱정이 많다고 합니다. 심리학에서는 부모님으로부터 물려받은 유전적 성격 특징을 기질(Temperament)이라고 부릅니다. 물론 걱정 많은 유전자를 타고났다고 해서 평생 걱정에 시달리며 살아야 하는 것은 아닙니다. '성격은 유전이냐, 환경이냐'라는 논쟁에 대해 대부분 연구자들은 50 대 50이라는 의견을 가지고 있기 때문입니다.

하지만 최근 '환경도 유전이다'라는 주장에 힘이 실리고 있습니다. 그 배경 중 하나로 2021년 일본 신조어 TOP 10순위에 '오야가차(親ガチャ)'라는 단어가 등장했는데 부모를 뜻하는 오야(親)에 뽑기 기계를 가리키는 가차(ガチャ)를 합친 말입니다. 직역하면 '부모 뽑기'라는 뜻이 됩니다. 자녀 스스로 부모를 선택할 수 없고 운에 달렸다는 이유에서 만들어진 신조어죠.

걱정이라는 관점에서 해석해보면, 누군가가 애초에 걱정이 많은 DNA를 타고났거나 반대로 유전적인 요인이 적더라도 걱정 많은 부모로부터 길러지면 그 자녀도 걱정이 많아질 수 있다는 것입니다. 이를 '행동 유전학'이라고 하는데, 가정환경 역시 유전적인 영향을 크게 받는다는 것입니다. 행동 유전학은 결국 운명론을 이야기하고 싶은 걸까요? 걱정 DNA를 타고났든, 걱정 많은 부모에 의해 걱정이 많아졌든 결국 어쩔 수 없다고 말하고 싶은 것일까요?

베스트셀러『베스트 셀프』의 저자 마이크 베이어는 유망한 농구 기대주였습니다. 하지만 20살 때 술과 마약에 중독되어 인생에서 가장 어두운 시기를 보내게 됩니다. 베이어는 그 당시 자신을 "현실감각을 완벽히 상실하고 편집증 상태에서 허우적대는 좀비"라고 표현했습니다. 오늘날 그는 할리우드 셀럽들의 라이프 코치이자 정신건강 기관의 CEO입니다. 그는 스스로에게 있었던 놀라운 변화의 시작점에 대해 이렇게 이야기합니다.

"변화의 시작은 인정이다. 지금 상황에 대해 인정하고 변화한다는 사실을 인정하는 것, 그것이 바로 모든 변화의 시작이다."

감정과 생각의 심리학에서는 마음 건강을 위한 4가지 단계를 제시합니다. 첫 번째는 모든 상황을 알아차리는 것입니다. 내 마음과 생각을 제대로 바라보지 못하면 다룰 수 없기 때문입니다. 두 번째가 품어주기입니다. 우는 아이를 가슴에 품고 어르고 달래듯이 내 감정과 생각도 가슴으로 품어주어

다루기 쉬운 상태로 만들어야 합니다. 세 번째가 놓아주기입니다. 모든 생각과 감정은 하루에도 여러 번 찾아옵니다. 다시 말하면 여러 번 찾아올 정도로 금세 사라지기도 한다는 뜻입니다. 붙잡고 있으면 머무릅니다. 그래서 놓아주어야 합니다. 마지막으로 반복하기입니다. 알아차리고, 품어주고, 놓아주기를 반복하면 아이가 커서 어엿한 성인이 되듯 내 감정과 생각도 건강하게 자랄 수 있습니다.

머릿속
걱정이 사라지는
4일 글쓰기

•

티베트 속담에는 이런 말이 있습니다.

'걱정을 해서 걱정이 사라지면 걱정이 없겠네.'

말장난 같으면서도 일침을 놓는 문장입니다. 머릿속이 걱정의 안개로 휩싸이게 되면 멍해지고 우유부단한 모습을 보이며 자기 비난에 빠지게 됩니다. 내 머릿속이 더 복잡해지기 전에 걱정의 안개를 걷어내고 빠르게 탈출하는 과정이 필요한

데, 이때 글쓰기가 큰 도움이 됩니다.

글쓰기는 앞에서도 말했던 것처럼 심리치료적으로도 매우 효과적인 방법입니다. 내면의 억압된 감정과 생각을 표현하면서 카타르시스를 느끼게 하고, 자신의 언어로 재구성하는 단계를 통해 생각에 통찰력을 불어넣어 줍니다. 또 자신의 글을 바라보고 정리하면서 생각에 재평가를, 감정과도 직면하면서 상황에 대해 재구조화를 할 수 있도록 도와줍니다.

하지만 모든 글쓰기가 걱정에 도움이 되는 것은 아닙니다. 글쓰기가 효과적이라고 생각해서 머릿속 걱정을 눈에 보이도록 옮겨 적는 사람들은 많지만, 그로 인해 효과를 보려면 몇 가지 심리 비밀을 빈드시 적용해야 합니다. 이를 검증하는 연구를 소개해보고자 합니다.

최근 국내 대학교의 한 심리학자가 걱정으로 고통받고 있는 참가자들을 모집해 온라인 글쓰기를 실시했습니다. 하루 20분씩 단 4일 동안만 '걱정 글쓰기'를 진행했는데, A 집단의 참가자들은 걱정, 불안, 생각의 회피, 생각의 왜곡 모두 눈에 띄게 감소하였습니다. 그런데 B 집단의 참가자들은 같은 시간에 똑같이 글쓰기를 했음에도 어느 하나 치료적 효과를 보지 못했습니다. 과연 어떤 차이가 있었던 것일까요?

먼저 효과를 보지 못한 B 집단에서는 4일 동안 걱정 주제에 대해 자신의 마음을 표현하는 글쓰기를 실시했습니다. 걱정으로부터 고통받는 자신의 마음을 적어 내려가는 것이었는데, 이런 방식의 글쓰기는 대중적으로 많이 알려진 방식입니다. 실험을 진행한 연구자도 연구 초반에는 이런 방식의 글쓰기가 어느 정도 효과가 있으리라 생각했습니다. 하지만 놀랍게도 단순히 걱정에 대한 감정을 털어내는 식의 글쓰기는 효과가 미미했습니다.

한편 A 집단에서 진행했던 걱정 글쓰기는 그 효과가 매우 뛰어났습니다. 글쓰기 방식이 매우 구체적이고 구조적이었기 때문입니다.

1일 차에는 걱정하고 있는 주제를 구체화하는 것부터 시작했습니다. 참가자들은 어떤 걱정으로부터 고통받고 있는지 구체적으로 작성해보았고, 또 언제 어떻게 걱정이 시작되는지 그 원인을 탐색해보았습니다. 2일 차에는 걱정이 실제로 일어날 확률을 생각해보고 그 근거를 논리적으로 작성했습니다. 그렇게 참가자들은 걱정이 실제로 일어날 확률이 매우 희박하다는 것을 확인했습니다. 3일 차에는 걱정에 대응할 수 있는 자신의 강점이 무엇인지 확인했고, 4일 차에는 제삼자의 관점에서 자신에게 따뜻한 위로를 해주는 편지를 썼습니다.

걱정으로부터 생기는 마음의 고통을 그저 꺼내놓는 것만으로는 효과적인 해결을 기대하기 어렵습니다. 걱정을 마주 보고 논리적으로 탐색하며, 자신이 충분히 걱정에 대응할 수 있는 사람이라는 것을 손으로 적고 확인해 나가야 걱정으로부터 자유로워지는 것입니다. 지금 당장 4단계의 방식을 적용하면서 머릿속에 들어 있는 걱정거리를 꺼내 적어보세요. 20분씩 단 4번만으로도 충분한 효과를 볼 수 있습니다.

만약 '잘 안되면 어떻게 하지?'라는 생각이 떠오르시나요? 그렇다면 오히려 좋습니다. 지금 당장 시작해야 하는 이유가 생긴 거니까요. 여러분은 자신이 생각하는 것보다 더 큰 존재입니다. 할 수 있습니다. 제가 여러분을 믿는 만큼, 여러분도 자신을 믿어보세요.

삶의 에너지를
채우는
1일 1 긍정 일기

•

한국인 최초 존스홉킨스 의과대학 소아청소년정신과 교수가
된 지나영 교수는 이렇게 말했습니다.

"우리는 모두 태어날 때부터 그 무엇으로도 평가받을 수
없는 절대적인 존재 가치가 있습니다. 그러니 자신을 믿고 나
아가세요."

자신을 믿고 나아가는 긍정성이 우리에게 큰 위대함이 된

다는 것이죠. 심리학에서 긍정성은 도대체 무엇일까요?

긍정심리학이 연구된 지는 이제 20년 남짓 지났을 뿐입니다. 지금까지 심리학은 전통적으로 정신질환을 치료하는 데 주목해 왔습니다. 그러나 1998년 마틴 셀리그만이 미국 심리학회 회장으로 취임하면서 문제를 치료하는 '불행'이 아닌 더 건강한 하루를 위한 '행복'에 초점을 맞춘 심리학이 태동합니다. 누구나 진정한 행복이 깃든 삶을 살 수 있도록 심리 과학적인 연구가 진행되었고, 그로부터 약 20여 년이 지난 오늘날에는 긍정에 관한 수많은 연구를 만나볼 수 있게 되었습니다. 그중 가장 대중적으로 알려진 방법이 '긍정 일기 쓰기'입니다.

사람이라면 누구나 좋은 일이 있을 때 행복함을 느낍니다. 결혼할 때, 내 집을 마련할 때, 회사에서 승진하거나, 복권에 당첨되었을 때 우리는 큰 행복감을 느낍니다. 심리학에서는 이를 쾌락주의적 행복이라고 합니다. 큰 자극을 받아 강렬한 쾌락을 경험하는 거죠. 하지만 쾌락주의적 행복을 진정한 행복이라고 볼 수 있을까요? 아마도 진정한 행복은 밖에서 오는 것이 아니라 우리 마음속에서부터 피어나는 것이겠죠. 그래서 심리학자들은 고민했습니다. 만약 똑같은 계절을 겪어내고, 똑같은 음식을 먹으며, 똑같은 옷을 입고 생활하면서도 행복에 차이가 날 수 있을지에 대해서 말이지요.

이를 검증하기 위해 심리학자들은 경제적인 격차가 없고, 쾌락을 주는 술이나 담배도 하지 않으며, 생활 환경이 비슷한 수녀님 180명을 대상으로 연구를 진행했습니다. 만약 수녀님들 사이에서 행복감에 차이가 난다면 진정한 행복은 우리 마음속에서 피어난다는 것을 증명할 수 있을 거라는 취지였습니다. 또 세상을 살아가는 관점을 긍정적으로 바꾸면 더 많은 사람이 진정한 행복을 누리는 삶을 살 수 있을 거라는 가설에 근거가 되어주는 거죠.

심리학자들은 행복한 사람이 신경전달 물질, 호르몬, 면역력 등에 영향을 주어 더 건강하게 오래 산다는 것을 바탕에 두고 수녀님들의 오래된 일기를 분석해봤습니다. 이때 눈에 띄는 차이가 한 가지 발견됐는데, 바로 '일기에 기쁨과 행복이 얼마나 자주 표현되어 있느냐'였습니다. 일기 속에 기쁨, 행복, 기대감이 자주 표현된 수녀님들은 무려 90%가 85세까지 건강하게 살았습니다. 반면 긍정적인 내용이 없이 무미건조한 일기를 쓴 수녀님들은 단 34%만이 85세를 넘겼습니다.

험난한 현대사회를 살아가면서 우리는 부정적인 것을 피하는 데 혈안이 되어 있습니다. 그래서 우리의 일기 속에서는 긍정성, 낙관성, 기쁨, 행복보다 걱정, 고민, 실패, 슬픔, 우울, 불안이 더 많이 담겨 있을지도 모르겠습니다. 과연 우리 마음속에 진정한 긍정성이 있을까요? 진정한 긍정성에 대한 의구심이 든다면 지나영 교수의 말로 돌아가서 '우리는 이미 절대적인 존재 가치가 있다'라는 말을 곱씹어보아야 합니다.

심리학에서는 특별한 사람에게만 긍정성이 있다고 보진 않습니다. 우리 모두에게 진정한 긍정성이 존재하지만 아직 긍정성을 꽃피우지 못했을 뿐이라고 바라봅니다. 그러니 마음에 꾸준히 물을 주는 게 필요합니다. 그것이 바로 1일 1 긍정 일기입니다. 험난한 세상을 더 잘 살아가기 위해 행복과 기

뻠의 관점을 일기로 표현하는 습관을 길러주세요. 우리가 근심 속에서만 살아간다면 언제나 걱정거리만 찾고 해결하려고 전전긍긍하게 됩니다. 일상에서 작은 행복을 경험하고 온전히 누렸던 때를 떠올려본다면 긍정의 싹이 푸르게 돋아날 것입니다. 오늘의 짧은 긍정 일기가 삶의 에너지를 활기차게 유지할 수 있도록 도와줄 것입니다.

하루 10분,
머리는 비우고
몸을 움직여라

·

누구라도 하루 10분 정도 머리를 비우고 산책한다면 삶에 도움이 된다는 사실은 알고 있습니다. 하지만 그 효과가 실제로 얼마나 큰지는 잘 알지 못합니다. 다행히도 국내외 심리학, 의학, 간호학 등의 연구진들은 편안한 마음가짐으로 걷는 것이 얼마나 효과적인지 여러 방면에서 과학적인 연구를 진행하고 있습니다.

2022년 세계 당뇨병의 날 포럼에 따르면, 우리나라 30세

이상 당뇨병 환자는 600만 명이고, 당뇨병 고위험군은 1,500만 명으로 당뇨 위기 인구가 2,000만 명이 넘은 것으로 밝혀졌습니다. 국가적인 걱정거리가 아닐 수 없죠. 실제 당뇨병 환자들이 겪고 있는 스트레스도 상당했습니다. 한국인의 경우 당뇨 관련 스트레스는 약 50점인데, 네덜란드(22.5점)나 미국(27.8점)에 비해 두 배 가까이 높은 것으로 보고되었습니다. 과연 당뇨로부터 오는 스트레스에 의학자들은 어떤 해결책을 제공했을까요? 바로 걷기입니다.

2007년, 걷기운동이 당뇨병 환자의 혈당 감소에 효과를 보인다는 연구가 발표됩니다. 이어서 2013년에는 걷기운동이 당뇨로부터 오는 심리적 스트레스를 줄이고 스트레스 호르몬, 코르티솔(Cortisol)의 농도를 감소시킨다는 연구도 발표되었습니다. 이런 연구를 살펴보면 '당연히 걷기가 도움이 되겠지'라고 생각하는 것 그 이상으로 효과가 큰 것입니다.

학업에 대한 걱정거리가 가득한 청소년들을 대상으로 25분씩 단 7회의 걷기 명상을 실시한 적이 있었습니다. 그 결과,

학교생활에 대한 스트레스뿐만 아니라 대인관계 스트레스나 가정생활로부터 오는 스트레스도 모두 통계적으로 감소하였음을 확인할 수 있었습니다.

걷는다는 것은 인간의 특별한 존재 방식이자 특권입니다. 그래서인지 하버드 의대 허버트 벤슨 교수는 스트레스 관리의 대가이자 심신의학의 일인자임에도 불구하고 걷기 앞에서 겸손한 모습을 보이며 이렇게 이야기합니다.

"제가 평생 새롭게 발견한 것은 하나도 없습니다. 단지 수천 년간 행해지던 것에 과학을 접목했을 뿐입니다."

MIT 의대 존 카밧 진 교수는 1979년 MBSR(Mindfulness Based Stress Reduction, 마음챙김 기반 스트레스 완화) 프로그램을 개발합니다. MBSR은 21세기 가장 주목받고 있는 근거 기반의 대체의학입니다. 전 세계 1,000여 개 병원에서 임상적으로 사용되는 이 프로그램에는 마음을 내려놓고 현재에 집중하며 걷는 과정이 포함되어 있습니다.

KBS 다큐멘터리 〈생로병사의 비밀〉 제작진은 걷기의 마법 같은 효과를 발견하고 2022년『걷기만 해도 병이 낫는 다』는 제목의 책을 발간하기도 했습니다. 물론 걷기는 신체뿐만 아니라 심리적으로도 큰 도움이 됩니다. 인지심리학자 김경일 교수는 다음과 같이 3가지를 유념하며 걷기만 하면 뇌의 해마(Hippocampus)가 자극되고 편도체 활동이 약화하여 불안과 걱정을 날릴 수 있다고 합니다.

첫째, 혼자서 걷기.

둘째, 목적 없이 걷기.

셋째, 동네를 살짝 벗어나서 걷기.

우리의 걱정을 정리하는 데 정말 필요한 깃은, 하루 10분 머리를 비우고 몸을 움직이는 것처럼, 아주 작고 단순한 것부터 시작합니다. 그래서 누구나 할 수 있습니다. 오늘부터 하루 10분 걷기 어떠신가요?

걱정에 맞서는
가장 좋은 무기는
실행

●

무언가 실행해야 한다는 생각만으로도 우리는 막연한 부담감을 느낍니다. 바로 전 내용처럼 매일 하루 10분씩 걷기를 실천하는 게 얼마나 어려울지 상상해보세요. 머릿속으로 다짐하는 것은 누구나 쉽게 가능합니다. 하지만 정말로 한 달간 매일 10분씩 머리를 비우고 핸드폰도 보지 않으며 걸어야 한다면 며칠이나 성공할 수 있을까요?

실행의 어려움은 매년 1월 1일에 전국적으로 나타납니다.

누구나 새해를 맞이할 때 각자의 염원을 담아 소망을 말하곤 합니다. 다이어트, 외국어 공부, 자격증 취득, 연애, 금연 혹은 금주가 단골 주제입니다. 여러분도 이런 주제로 다짐을 해보신 적 있을 것입니다. 그렇다면 성공하셨나요? 실패하셨나요? 과연 새해 목표를 세운 사람들은 얼마나 목표를 실행하고 달성할까요?

한 기관에서 우리나라 직장인 1,000여 명을 대상으로 새해 목표에 대한 설문조사를 실시했습니다. 새해 목표를 세운 사람은 약 90% 정도였는데, 뒤이어 나오는 결과는 충격적이었습니다. 그중 20%는 생각만 하고 단 한 번도 실천하지 않았고, 한 달 이내에 포기한 사람은 60%나 됐습니다. '포기한 이유가 무엇인가요?'라는 질문에 52%에 해당하는 사람들이 '의지력과 통제력의 부족'을 이유로 꼽았습니다.

과연 우리가 실천하지 못하는 이유는 정말로 의지가 부족해서일까요? 결론부터 말하면 아닙니다. 한 심리실험에서 집단을 둘로 나눈 뒤 한쪽 집단에만 자신이 목표를 실천하는 모습을 상상해보라고 했습니다. 그러자 놀랍게도 두 집단의 실천율이 달라졌는데, 실천을 상상하지 않은 집단은 20%의 실천율을 보인 반면에 실천을 상상한 집단은 60%로 3배 이상의 실천율을 보였습니다.

우리가 실행하지 못하는 이유는 의지가 부족하거나 통제력이 없어서가 아니라 목표만 상상하고 목표를 실천하는 구체적인 과정과 이미지는 상상하지 않았기 때문입니다. 따라서 우리는 목표를 글로 적고 상상하는 것처럼, 목표를 이루는 일련의 과정을 명확하게 표현해야 합니다. 심리학에서는 이를 '이미지 트레이닝'이라고 부릅니다. 걱정에 맞서기 위한 준비로 총 5단계의 이미지 트레이닝 과정을 연습해볼 수 있습니다. 이 과정을 따라 하면 걱정을 다루는 실제 행동에도 큰 도움이 될 것입니다.

첫째, 최근 내 머릿속에서 나를 괴롭히는 걱정거리를 떠올려봅니다.

둘째, 이 걱정거리를 명확하게 정의하기 위해 글이나 그

림 등으로 표현해보세요.

셋째, 걱정거리를 해소하기 위해 어떤 실행을 해야 하는지 생각하거나 적고 그 과정을 생생하게 떠올려봅니다.

넷째, 걱정거리가 모두 해소된 상태를 구체적으로 떠올립니다. 이때 시각뿐만 아니라 청각, 후각, 촉각 등 다양한 감각은 어떤 상태일지 생각해봅니다.

다섯째, 지금 당장 걱정거리를 해소하기 위해 실행해야 할 가장 작은 활동이 무엇인지 생각합니다. 그리고 무조건 실행합니다.

침대에서 일어나기, 운동화를 신고 집 밖으로 나가기, 물 한 잔 마시기와 같은 것이어도 괜찮습니다. 모든 시작은 작으면 작을수록 좋으니까요. 이런 것도 실천하기 힘들다면 더 작게 만드세요. 가장 작은 것부터 하는 것이 핵심입니다. 우리 몸과 마음은 일단 발동이 걸리면 그 뒷일은 자연스럽게 실행합니다.

운동하기 위해 일단 양말을 신으면, 어느새 옷을 입고 집

밖을 나서서 헬스장에 들어가게 됩니다. 그렇게 1시간 후에 땀범벅이 된 몸과 뿌듯한 마음으로 집에 돌아온 경험을 하게 되는 거죠. 정신의학자 에밀 크레펠린은 이를 작동 흥분 이론 (Work Excitement Theory)이라고 정의했습니다. 우리가 어떤 활동을 시작했을 때 뇌에서는 그것을 멈추는 데에도 에너지가 필요하니 관성에 따라 하던 일을 계속 실행하도록 한다는 이론입니다.

결국 수십 번도 더 들어왔던 '시작이 반이다'라는 말은 심리학적으로도 맞는 말이었습니다. 이제 가장 작은 것을 생생하게 상상해보고 슬쩍 실행해봅시다. 여러분은 이미 걱정에 맞설 수 있는 가장 좋은 무기인 작은 실행력을 충분히 갖추고 있으니까요.

'반드시'라는 말을
머리에서
지워라

·

심리치료의 과학화는 1960년대 이루어졌다고 해도 과언이 아닙니다. 한 번쯤 들어봤을 법한 지그문트 프로이트가 1899년 『꿈의 해석』이라는 책을 출간하면서 무의식과 정신분석에 관한 관심이 심리학에 확장되었습니다. 하지만 심리치료의 정확한 원인을 꿈으로 돌리기에는 비과학적이라는 반응이 불거지면서 많은 심리치료사가 원인과 결과가 명확한 과학적 치료 기법을 개발하기 시작합니다.

그중 가장 성공한 기법이 바로 인지치료입니다. 인지치료는 왜곡된 생각이 몸과 마음의 부작용을 가져온다는 접근입니다. 예를 들어, 머릿속에 '항상', '반드시', '꼭'이라는 생각이 있으면 우리 몸과 마음에 부작용이 발생한다는 것이죠. 인지치료에 따르면 몸과 마음이 고통받고 있다면 거꾸로 거슬러 올라가 원인이 되는 생각을 고치면 됩니다. 인지치료를 개발한 아론 벡은 역사상 가장 영향력을 끼친 치료사입니다. 그가 정리한 걱정과 관련된 몇 가지 인지적 오류를 소개해보려 합니다.

먼저 '이분법적 사고'입니다. 흑백논리라고도 하는 이 생각은 '한 달 안에 반드시 5kg을 뺀다'와 같은 생각입니다. 이분법적 생각을 하는 사람은 열심히 노력해서 한 달 안에 4kg을 감량했다 해도 '성공 혹은 실패'의 잣대만으로 판단하여 결국 자신을 실패자로 정의합니다. 완벽하지 않은 것은 잘못된 것이라는 이 생각이 우리를 파국으로 치닫게 하죠. 걱정이 많은 사람들은 자신도 모르게 습관적으로 이분법적 사고를 하고 있을 수 있습니다.

두 번째로 '파국적 사고'입니다. 어떤 사건이 발생했을 때 걱정을 지나치게 크게 해석하여 최악을 생각하는 경우입니다. 예를 들어, 중요한 면접을 보러 가는 길에 모르는 사람과 부딪혀 커피를 셔츠에 조금 엎질렀다고 상상해보세요. 이때 파국적 생각을 하는 사람은 '셔츠에 커피를 쏟다니! 면접관은 나를 칠칠치 못한 사람이라고 생각할 거야. 결국 나는 불합격하게 되겠지…. 이럴 바에는 차라리 가지 않는 게 나을지도 몰라!'와 같이 생각할 수 있습니다. 현대사회에서는 내 집 마련, 출산과 자녀 양육, 경제적 목표 등에 파국적 사고를 하는 경우가 많습니다.

'지금 내 집을 마련에 실패하면 노후에 살아남지 못해.'
'부부합산 월 소득이 1,000만 원이 되기 진에는 아이를 세 대로 키울 수 없어.'

이렇게 최악을 생각하고 있는 나만의 걱정 영역이 있는지 한 번 점검해보세요.

마지막으로 '감정적 추론'입니다. 우리는 매 순간 다양한 감정을 경험하지만 그 원인을 다 알 수는 없습니다. 정확한 이유도 모른 채 짜증이 몰려오거나 두려운 느낌이 든 적이 있을 겁니다. 건강한 사람이라면 이렇게 생각합니다.

'오늘 왠지 모르게 기분이 가라앉고 짜증이 나네? 곧 지나가겠지.'

하지만 걱정이 많은 사람은 통제하지 못하는 감정에 대해 원인을 찾고자 합니다. '왜 이렇게 불안하지? 곧 끔찍한 일이 일어날 거 같아!', '뭔가 찝찝한 느낌이야! 혹시 연인이 나 몰래 바람피우는 거 아니야?'와 같은 생각들입니다. 이런 생각이 나도 모르게 찾아오면 결국 불안이 더 커지게 되고 악순환의 연결고리가 생겨서 걱정은 눈덩이처럼 불어나게 됩니다.

걱정과 관련된 몇 가지 인지적 오류를 함께 살펴봤는데, 나에게 제일 가까운 오류는 무엇이라고 생각하시나요? 없다면 참 다행이고, 있다면 더 다행입니다. 정확하게 이름이 있는 오류로 정의된 만큼 다양한 인지적 오류들은 오랜 시간 연구되어 온 주제이고, 그 해결책도 명확하게 마련되어 있기 때문입니다. 걱정을 다루는 가장 첫 번째 단계는 그것이 무엇인지 객관적으로 바라보고 인식하는 것입니다.

아론 벡은 "사람들은 생각의 법칙에 따라 살아갑니다. 어떤 생각의 법칙이 자신을 불행으로 이끈다는 것을 알고 버리기로 결정한다면, 과잉 반응을 끝낼 수 있습니다"라고 말했습니다. 걱정을 바라보는 다양한 관점이 생길수록 걱정을 정리할 힘도 늘어납니다. 지금까지 좋아 보였던 '난 반드시 걱정 없는 사람이 될 거야!'라는 말, 이제는 인지적 오류일 수도 있다는 사실, 아시겠죠?

감사하는 마음이
걱정을
해소시킨다

•

2022년 국내 최고 대학 및 종합 병원의 의학박사들이 모여 감사에 관한 연구를 진행했습니다. 전국 6개의 종합 병원에 내원한 성인 환자를 대상으로 진행한 이 연구는 감사 성향이 우울과 불안에 얼마나 도움이 되는지를 확인하는 내용이었습니다. 그 결과, 감사 성향이 높은 사람들은 일상 속 크고 작은 스트레스를 잘 극복하고 회복해서 최종적으로 걱정을 해소하는 데 효과적이었습니다.

특히 이 연구는 기존에 마음 근력이라고도 불리며, 스트레스를 극복하고 회복하는 힘인 회복탄력성을 높이는 데 감사가 매우 효과적이라는 사실을 밝혀내어, 일반인뿐만 아니라 환자들에게도 감사를 증진시키는 프로그램을 임상적으로 적용해야 한다는 주장을 뒷받침해줬습니다.

이처럼 감사는 현대심리학에서 주목받고 있는 연구 주제 중 하나인데, 근래에는 그에 관한 놀라운 점이 발견됩니다. 바로 감사가 두 가지로 구분된다는 점입니다. 바로 은혜적 감사(Benefit-triggered Gratitude)와 보편적 감사(Generalized Gratitude)입니다. 은혜적 감사는 행위(Doing)에 대한 감사로서 누군가가 나를 도와줬을 때 발생하는 마음입니다. 친구가 밥을 사거나 나를 위해 일부러 먼 길을 돌아 차로 집 앞까지 대워다줄 때 감사를 느끼게 되는데, 이것이 은혜적 감사입니다.

반면 보편적 감사는 존재(Being)에 대한 감사입니다. 문득 하늘을 보며 아름나운 자연에 감사하거나, 지금 이 순간 살아 숨 쉴 수 있음에 감사하는 거죠. 멋지게 나이 드신 할머니 할 아버지들이 날마다 '감사합니다, 고맙습니다'라고 말씀하시는데, 이것이 바로 보편적 감사입니다. 여러분의 감사는 주로 어떤 방식으로 작동하시나요? 만약 은혜적 감사로만 이루어져 있다면 보편적 감사로 확장할 필요가 있습니다.

캘리포니아대학교 아르멘타 박사의 연구에 따르면 은혜적 감사만 하는 사람은 이기심이 많아지고, 시간이 지날수록 쉽게 우울해지는 경향이 있다고 합니다. '앗! 감사를 했는데 더 우울해진다고?'라며 의아할 수 있습니다. 하지만 은혜적 감사는 조건이 필요하다는 것을 생각해본다면 쉽게 이해할 수 있습니다.

만약 오늘 하루를 마치고 저녁에 감사했던 일을 생각하는데 누가 날 특별히 도와준 일도 없고, 그렇다고 내가 누군가를 특별히 도와준 일이 없다면 그리고 그런 하루가 반복된다면 우리의 마음은 어떨까요? 뭔가 하루를 더 알차게 살지 못해서 우울해질 수도 있지 않을까요?

보편적 감사를 가진 사람은 성장 마인드셋을 갖게 되어 어려움에도 용기 있게 맞선다는 것이 확인되었습니다. 노스웨스턴대학교 뇌신경과학연구소에서 25년간 뇌과학을 연구한 이와사키 이치로 교수는 "딱히 감사할 대상이 없어도 감사하는 마음이 행복한 뇌를 만드는 핵심이다"라고 말합니다.

이에 저는 문득 궁금한 마음이 들었습니다. 첫 문단에 소개했던 국내 의학박사들의 감사 연구에서는 어떤 감사 문항이 측정 도구로 사용되었는지 말이죠. 확인해보니 역시나 모든 문항이 보편적 감사로 구성되어 있다는 것을 발견할 수 있었습니다. '인생에는 감사할 것이 너무 많다', '나는 다양한 사람들에게 감사하고 있다', '나이가 들면서 사람, 사건, 상황에 대해 더 감사하게 되었다'와 같은 문항들이있죠.

지혜로운 사람이 되기 위해 삶에 어떤 종류의 감사할 일을 더 많이 만들어갈지 생각해봐야 합니다. 하루를 되돌아보며 감사할 일을 떠올릴 때 은혜적 감사와 더불어 보편적 감사도 포함되어 있는지 확인해보세요. 세상을 촉촉하게 적셔주는 빗소리도, 이글이글 타오르는 더운 여름의 태양 빛도, 꽤 세차게 부는 가을바람도, 온몸이 움츠러드는 겨울의 추위도 누군가에게는 기다려왔던 감사의 계절일 것입니다. 보편적 감사는 우리 주변에 언제나 존재합니다. 걱정하는 내 모습에 보편적 감사를 적용하면 어떨까요?

'더 잘하고 싶어 걱정하는 내 모습을 발견하게 되어 감사합니다.'

'걱정이 나를 더 성장하게 함에 감사합니다.'

'활발하게 걱정하는 것을 보니 내 뇌가 건강하게 작동하는 것 같아 감사합니다.'

조금 억지스럽다고요? 그럼 이건 어떤가요?

'조금 억지스러운 감사라고 객관적으로 판단할 수 있는 명석한 두뇌와 지혜로운 관점에 감사합니다.'

방송인 윌 로저스는 이렇게 말했습니다. "걱정은 흔들의자와 같습니다. 계속 움직이지만 아무 데도 가지 않기 때문입니다." 다른 사람으로부터 전염되어 우리 마음을 끊임없이 흔들어놓는 불안한 마음을 어떻게 멈출지 고민하지 마세요. 그건 마치 흔들의자에 앉아서 흔들림을 어떻게 멈출지 고민하는 것과 같습니다. 다만 다른 사람에게서 오는 걱정을 피하기 어려울 때가 있다는 것을 인정하고 받아들이세요. 그리고 나에게 집중하세요. 그러면 어느새 흔들의자가 편안하게 느껴질 것입니다.

4장

걱정이 인간관계에 미치는 영향

어떤 사람을
옆에 둘 것인가?

•

무질서 속에서 어느새 질서가 나타나는 과정을 동조 현상이라고 합니다. 서로 다른 수많은 존재가 어느새 하나로 뭉치게 되는 것을 떠올려보면 되는데요. 세계에서 가장 많이 인용되는 수학자 스티븐 스트로가츠는 그의 저서 『동시성의 과학, 싱크』에서 아주 작은 반딧불이의 사례를 통해 신비로운 동조 현상을 소개합니다.

말레이시아 코타키나발루는 전 세계 사람들이 가장 많이

찾는 휴양지 1위에 등극한 곳입니다. 그중 맹그로브 숲 속 반딧불 투어가 단연 인기인데, 아름다운 반딧불이의 춤을 보기 위해 우리나라에서도 많은 사람이 방문합니다. 1900년대 초반에는 이 지역의 수많은 반딧불이가 동시에 깜박이는 것에 대해 과학자들은 단순한 착시현상이라고 설명했습니다. 하지만 시간이 흘러 놀라운 사실이 발견됩니다. 반딧불이들이 서로 리듬을 타며 빛을 내고 있었다는 것입니다. 지휘자가 있는 오케스트라도 아닌데, 어떻게 수천에서 수만 마리의 반딧불이가 리듬을 맞춰 동시에 빛을 뿜었다가 사그라뜨렸다가를 할 수 있었을까요?

그 이유는 반딧불이들이 앞뒤 좌우로 서로 빛을 감지하면서 싱크를 맞췄기 때문이었습니다. 하늘 위 수백 마리의 새가 일사불란하게 날아가면서 마치 하나의 덩어리로 보이는 현상, 바닷속 수만 마리의 물고기 떼가 하나의 거대한 움직임을 보이는 것 모두 동조 현상의 예시로 소개됩니다.

동조 현상은 사람에게도 놀라움을 가져다줍니다. 같은 공간에서 생활하는 여성들의 생리주기가 거의 같아지는 것이 대표적인 사례인데, 그 이유는 심장의 박동을 조절하는 세포들이 미세하지만 철저하게 서로 신호를 주고받기 때문에 벌어지는 동조 현상인 것으로 밝혀졌습니다.

21세기를 기념해 지어진 런던의 밀레니엄 다리는 320m의 길이에 690톤 규모를 자랑하는 예술적인 다리입니다. 그러나 개막식 이틀 만에 폐쇄된 전력이 있습니다. 사람들이 멋진 다리를 처음으로 걸어보기 위해 첫발을 내디뎠을 때 다리가 크게 흔들렸기 때문이었습니다. 부실 공사가 이유였을까요? 아닙니다. 동조 현상이 그 원인이었습니다.

사람들이 밀레니엄 다리에 진입해 걷기 시작하지 그 진동이 다리에 전해졌고, 다리의 진동이 다시 사람들에게 반사되어 전해집니다. 이 과정에서 사람들은 다리의 진동에 맞춰 자신도 모르는 사이에 조금씩 싱크를 맞춰 걷게 된 것입니다. 일징 시간이 지나사 사람들은 마치 군인들처럼 발맞춰 걷게 되었고, 일정하게 가해지는 압력이 거대한 다리를 놀이기구처럼 흔들어놓아 다리는 좌우로 무려 20cm나 흔들리게 됩니다.

이러한 동조 현상은 사람의 생각과 마음에도 똑같이 적용됩니다. 따라서 내 옆에 어떤 사람을 둘 것인지는 굉장히 중요한 문제가 아닐 수 없습니다. 만약 주변에 걱정하는 사람이 많다면 우리의 사고, 정서, 행동은 어떻게 영향을 받을까요? 아마 생리-심리적으로 미묘하게 동조되어 부정적인 영향을 받을 가능성이 커질 것입니다. 불안함으로 숨길 수 없는 짧고 가쁜 호흡, 빠르게 뛰는 심장박동, 흔들리는 동공과 걱정에 대한 왜곡된 사고방식들이 우리에게 그대로 흡수되는 거죠.

반대로 활기차고 자유로운 사람들과 함께 있을 때는 어떨까요? 그런 곳에서는 손을 들고 큰 소리로 자기 생각을 주장하는 것이 어색하지 않을 겁니다. 이처럼 모두가 긍정성에 주목하는 환경에서는 나도 긍정성으로 YES를 외치기 쉽습니다. 하지만 모두가 부정성에 주목하는 환경이라면 나도 부정성으로 YES를 외치기 쉬울 겁니다.

긍정심리 연구에 따르면 내 친구가 행복할 때 내가 동조되어 같이 행복해질 확률이 15% 증가한다고 합니다. 친구의 친구가 행복하면 10%, 친구의 친구의 친구가 행복하면 6%라는 재미있는 결과가 있습니다. 우리 주변에 가장 가까운 사람들을 떠올려보세요. 그리고 그들이 평소 어떤 생각을 하며 살아가는지 생각해보세요. 특히 가족, 연인, 친구와 같이 유대감이 깊은 사람들로부터 우리는 큰 영향을 받습니다. 그들은 행복한 사람들인가요? 아니면 걱정거리가 많아 항상 고민인 사람들인가요?

나를 변화시키는 좋은 방법은 내가 속해 있는 환경을 바꾸는 것입니다. 1%의 행동 심리학자 이민규 교수는 "자기 관리는 자기가 하는 것이 아니라 환경이 하는 것이다"라고 밀합니다. 나를 더 걱정하게 만드는 사람이 주변에 있다면 잠시 거리를 둬보는 것은 어떨까요?

걱정이
태도에 담기지 않도록

•

2020년 중국 최대 심리 상담 플랫폼 레몬심리가 지은 『기분이 태도가 되지 않게』가 국내 베스트셀러가 되어 큰 히트를 칩니다. 사람들은 제목을 보고 "기분이랑 태도랑 도대체 무슨 차이가 있는 걸까?"라며 이 둘의 관계성에 대해 다시 한번 생각해봅니다. 심리학에서 말하는 기분은 막연하게 느껴지는 배경 감정을 의미합니다. 예를 들어, 우울증보다 증상이 더 약하지만 입맛도 없고 삶에 의욕도 없으면서 쉽게 피곤해지는 상태가 2년 이상 지속되면 일반적인 우울장애가 아니라 기분부

전장애 또는 지속성 우울장애로 진단합니다. 기분부전장애는 배경 감정들이 나를 은근하게 괴롭히기 때문에 쉽게 알아채지 못하는 단점이 있죠.

한편 심리학에서 말하는 태도는 훨씬 더 큰 개념입니다. 인지, 정서, 행동이 심리학에서 말하는 태도의 3요소입니다. 대부분의 심리치료는 이 3가지 축을 확인하고 균형적으로 유지할 수 있도록 돕습니다. 정서에 초점을 두면 정서중심치료(Emotion Focused Therapy, EFT), 인지에 초점을 두면 인지치료, 행동에 초점을 두면 행동치료(Behavior Therapy, BT)가 되는 거죠.

'기분이 태도가 되지 않게'라는 말에 숨어 있는 의미는, 우리의 배경 감정인 기분이 생각과 행동을 잡아먹게 놔두지 말라는 경고입니다. 그래서 기분이 안 좋을 때 미묘한 배경 감정을 발견할 수 있도록 다음의 3가지를 먼저 점검해보라고 합니다.

'밥은 제대로 먹었는지'

'잠은 제대로 잤는지'

'운동을 조금이라도 하고 있는지'

그렇다면 우리의 주제인 걱정은 인지, 정서, 행동 중 어디에 해당할까요? 정답은 바로 인지입니다. 태도의 3요소에 따르면 걱정이 많은 사람들은 인지의 축이 과도하게 팽창하면서 다른 축을 무너뜨리게 됩니다. 걱정에 관한 생각 때문에 부정적인 감정(정서)을 경험하게 되고, 수면상의 문제나 일상생활 속 불안(행동)을 겪게 되는 겁니다. 어떻게 해결할 수 있을까요? 방법은 위의 언급과 같습니다. 태도의 3요소 중 인지적 요소가 과도하게 기능하고 있는 것은 아닌지 확인한 후 균형을 맞추도록 노력하면 됩니다.

걱정은 한 가지 특이한 점이 있습니다. 여러 상황에 대해서 다양하게 걱정을 하는 것이 아니라 하나의 걱정을 반복적으로 하며 걱정하는 자신의 모습에 대해 또 걱정하는 메타걱정(Meta Worry)도 있다는 것입니다.

메타걱정은 상위걱정(Worry For Worrying)이라고도 부르는데, 예를 들어 커피를 옷에 살짝 쏟았다면 '아이고, 얼룩 생기면 안 되는데!' 하며 걱정할 수 있습니다. 이때 상위걱정을 하는 사람은 '난 이런 사소한 것 가지고도 왜 맨날 걱정할까? 정말 구제 불능이네!'하며 걱정에 대해 걱정하게 됩니다.

감정적 요소는 우울한 건지, 불안한 건지, 화가 나는 건지 겉으로 드러나기 때문에 다소 미묘하더라도 발견할 수 있습니다. 하지만 몸으로 바로 느껴지지 않는 생각을 발견하는 것은 상당히 어렵습니다. 그래서 꼬리에 꼬리를 무는 걱정을 멈추려면 체계적인 연습이 필요합니다. 이에 제가 멘탈케어 강연에서 소개하는 'SLOW 기법'을 안내해드리고자 합니다.

첫 번째 S는 STOP입니다. 모든 것을 다 멈추는 것입니다. 모든 것을 멈춘다는 것은 24시간 돌아가는 공장이 정전으로 인해 갑자기 조용해지는 것 같이 파격적인 멈춤을 의미합니다. 그리고 멈추기 위해 가장 좋은 방법이 심호흡입니다. 지금 당장 눈을 감고 심호흡을 해보세요. 그리고 머릿속 켜진 불을

다 끄는 것처럼 멈추는 느낌을 느껴보세요.

두 번째 L는 LABELLING입니다. 라벨링은 이름을 붙이는 것입니다. 지금 무엇을 걱정하고 있는지 걱정에 이름을 붙여주는 것입니다. '비가 올까봐 걱정하고 있음', '시험을 망칠까봐 걱정하고 있음'. 이렇게 이름을 붙여주게 되면 생각과 내가 분리됩니다. 걱정거리로 휩싸여 있던 내 존재가 다시 드러나는 것이죠. 생각은 생각일 뿐 내가 될 수 없습니다. 나는 '걱정덩어리'가 아니라 '자신을 걱정덩어리라고 생각'하는 건강한 존재입니다.

세 번째 O는 OPEN MIND입니다. 열린 마음으로 걱정의 좋은 점을 생각해보는 것입니다. 대부분의 연구자료를 찾아보면 걱정의 부정적인 면을 이야기하기 전에 걱정의 장점에 대해 먼저 언급합니다. 걱정은 부정적인 결과를 대비하게 도와주고 동기를 부여하는 긍정적인 면이 있습니다. 따라서 마음을 열고 지금 하는 걱정의 좋은 점이 무엇인지 찾아보세요. '비가 올까봐 걱정해서 작은 우산을 챙겼음', '시험을 망칠까봐 걱정해서 오늘 영어단어 30개를 외웠음'처럼요.

　네 번째 W는 WORRY입니다. 다시 걱정하는 단계입니다. 그래도 괜찮기 때문입니다. 우리는 떠오르는 생각을 완벽히 통제할 수 없습니다. 그래서 누구라도 걱정 없는 삶을 살 수는 없습니다. 다만 걱정과 친구가 될 수는 있겠죠. 그러니 걱정 없는 삶을 기대하기보다는 다시 마음 편히 걱정하세요. 다시 밀려드는 걱정으로 인해 고통스러울 것 같으면 첫 번째 단계, S로 돌아가기만 하면 됩니다. 언제든 필요하다면 SLOW 기법을 따라 하세요. 멈춰서 호흡하고 이름 붙이고 좋은 점을 찾아보세요. 이 반복되는 과정이, 걱정이 태도에 담기지 않도록 도와줄 거예요.

걱정을
털어놓을 때
기대하지 말아야 할 것

•

사회심리학자 제임스 페니베이커는 자신의 책 『털어놓기와 건강』에서 "좋지 않았던 경험이나 아픈 기억을 누군가에게 털어놓기만 해도 자기 통찰이 이루어진다"라고 말합니다. 그리고 이런 경험은 누구라도 한 번쯤 해봤을 겁니다. 저도 마찬가지죠. 가족 안에서의 문제를 친구에게 털어놓기도 하고, 친구 문제를 가족 안에서 털어놓기도 합니다.

털어놓기는 심리치료 현장에서 기본 중의 기본입니다. 그도 그럴 것이 내담자가 상담자를 찾아와 무언가를 털어놓는 과정 자체가 심리치료이기 때문이죠. 다만 친구가 아니라 상담자를 찾아오는 이유는 털어놓기의 효과가 제한적이기 때문입니다. 그래서 우리가 누군가에게 걱정을 털어놓을 때 그 대상이 심리전문가가 아니라면 완전한 치유를 기대하지 않는 것이 더 좋을 수 있습니다.

심리치료 현장에서 털어놓기를 정교화한 기법이 있는데, 바로 게슈탈트 심리치료의 '빈 의자 기법'입니다. 빈 의자 기법은 내 앞에 빈 의자를 하나 가져다 놓고, 그 의자에는 나에게 상처를 준 가상의 인물을 앉힙니다. 이후 그 인물에게 하고 싶은 말을 털어놓는 것인데요. 서운했거나 속상했던 것을 이야기하면서 크게 울음을 터트리거나 화를 내며 욕을 할 수도 있습니다. 이런 과정을 통해 내담자는 마음의 정화, 강렬한 카타르시스를 경험하게 됩니다.

이후의 중요한 단계가 하나 더 있습니다. 빈 의자에 앉은 인물에게 나의 속마음을 충분히 표현했다면, 이제 내가 그 빈

의자에 가서 앉는 것입니다. 그리고 이 의자에 앉아 있는 순간에는 상처받은 내가 아니라 상처를 준 사람이 되었다고 생각하는 것입니다. 상처 준 사람으로서 나에게 들려주고 싶은 감정과 생각을 진솔하게 털어놓습니다. 용서를 구할 수도 있고, 변명을 할 수도 있겠죠.

이 다음에는 다시 원래의 내 자리로 돌아와 상대방의 이야기를 듣고 난 후의 내 마음을 살펴봅니다. 이렇게 상처받은 나그리고 상처를 준 상대가 된 내가 여러 번의 대화를 반복하다보면 단순히 털어놓음으로 오는 카타르시스를 넘어, 해결되지않았던 마음속 깊은 응어리가 실질적으로 해결되는 것을 느낄수 있습니다.

용서의 심리학자로 유명한 에버렛 워딩턴 교수는 용서의기술 5단계를 발표했는데, 그중 두 번째 단계가 바로 공감하기입니다. 그런데 이 공감은 상처받은 내 마음을 공감하는 것이 아니라 나에게 상처를 준 사람을 공감하는 단계입니다. 쉽지 않겠죠? 심지어 그다음 단계는 상대방을 축복하며 자신 안의 자유를 느끼는 과정이 기다리고 있습니다. 이처럼 안전한 환경에서 전문가의 도움을 받아 털어놓기를 하게 되면 기대했던 것들을 더 수월하게 얻을 수 있습니다.

체계적인 과정 없이 주변 사람들에게 마냥 털어놓기만 한다면 걱정거리의 근본과 핵심은 사라지지 않고 계속 새로운 걱정거리를 만들어낼 수 있습니다. 또 상담자가 아닌 주변 사람들에게 걱정을 털어놓다 보면 '내가 자꾸 걱정거리를 털어놔서 상대방이 힘들면 어떻게 하지? 겉으로는 아닌 척하지만 사실 날 미워하고 귀찮아하는 게 아닐까?' 하는 상위걱정이 생겨날 수도 있습니다.

우리의 관계는 항상 긍정적인 면으로만 구성될 수 없습니다. 가끔은 고민을 토로하면서 위로받기도 하고, 반대로 상대방의 힘든 이야기를 들어주면서 내가 그 사람에게 위로를 주고 있다는 것에 뿌듯한 마음을 경험하기도 합니다.

하지만 나를 가장 사랑하는 사람, 나와 가장 가까운 사람이라고 해서 나의 모든 걱정을 들어주고 해결책을 마련해줘야 하는 것도 아닙니다. 그 사람은 여러분의 가족, 친구, 연인, 부부인 것이지 여러분의 해결사가 아닙니다. 내면의 깊은 걱정거리의 핵심을 해결하기 위해서는 바로 내가 해결사 자리에와야 합니다. 자신을 가장 잘 아는 사람은 바로 '나'이기 때문입니다.

주체적이고 능동적인 태도로 나의 걱정거리와 그 핵심을 탐색해보세요. 조금 어렵고 힘겹다면 전문가와 함께 살펴봅시다. 걱정의 핵을 발견하면 놀랍도록 뜨겁고 거대해서 무섭고 당황스러울 수 있지만 결국 이기는 것은 나입니다. 여러분은 걱정거리보다 더 크고 거대한 존재라는 사실을 잊지 마세요.

다른 사람의
불안에
영향받지 않는 법

•

최근 학부모 심리 강연을 마치고 개별 질문을 받는 시간이 있었습니다. 각자 자녀에 대한 고민을 이야기하는 시간을 가졌는데, 어느 한 분이 유독 기억에 남습니다. 줄을 서 세실 때부터 안절부절못하셔서 눈길이 가던 그분은 제게 이렇게 말씀하셨습니다.

"저희 아이는 조능학교 5학년인데요. 게임을 매일 1시간만 하겠다고 하지만 시간을 잘 못 지켜요. 자기 관리도 잘 안 되는 것 같고, 스스로 게임 시간도 못 지키면서 맨날 1시간만 게임을 하겠다고 거짓말을 하는데…. 이거 ADHD 아닌가요?"

ADHD가 맞다고 확신하는 듯이 질문을 하시길래 저는 이렇게 물어봤습니다.

"혹시 염려하시는 부분에 대한 심리검사나 ADHD 검사는 해보셨나요?"

학부모님은 제 질문이 끝나기도 전에 이렇게 말씀하셨습니다.

"네, 그럼요! 정말 비싸더라고요! 100만 원도 넘게 썼어요. 아무튼 병원 세 군데는 돌면서 검사를 해봐도 전혀 문제가 없다고 나와요. 제가 볼 때는 분명히 문제가 있는 것 같은데…. 선생님이 보시기에는 어떠세요?"

그 순간 저는 번뜩 깨달았습니다. 자녀가 아니라 엄마의 불안 수준이 매우 높다는 것을요. 그러면서 동시에 이런 생각이 들었습니다.

'아차, 엄마 손을 잡고 병원을 세 군데나 다니며 긴 시간 심리검사를 받았을 아이는 괜찮을까? 엄마의 불안이 아이에게 옮겨와 아이도 자기 자신을 문제아로 낙인찍으며 전전긍긍하게 되는 것은 아닐까?'

만약 엄마의 불안이 앞으로도 계속된다면 결국 자녀도 스스로 불안감을 지속적으로 경험하며 심리적 고통을 받게 될 것입니다. 부드러우면서도 단호하게 엄마의 불안을 다루는 것도 필요하다고 거듭해서 말씀드렸는데, 잘 받아들이셨을지는 모르겠습니다.

우리의 불안은 주변으로부터 전염되기도 합니다. 거울 뉴런(Mirror Neuron)으로 알려진 공감의 뇌세포가 전염의 핵심인데요. 다른 사람에게 일어나는 일을 관찰할 때 거울 뉴런이 활성화되어 마치 내가 그 행동을 한 것처럼 느끼게 해줍니다. 예를 들어, 다른 사람이 돌부리에 걸려 넘어져 무릎에서 피가 나는 것을 본다면, 곧 시각 정보가 뇌로 들어와 그 상황을 해석합니다. 이후에 운동 신경이 활성화되어 무릎이 시큰거리거나 아프다는 정보를 전달합니다. 내가 직접 넘어진 것이 아님에도 신경 정보가 활성화되어 그 고통을 가늠할 수 있게 되는 거죠.

불안도 마찬가지입니다. 누군가가 불안해하며 신경이 곤두선 채로 몸을 잔뜩 웅크리고 벌벌 떨고 있는 모습을 본다면, 처음에는 그 정보가 눈을 통해 시각 정보로 들어온 다음 곧 뇌 전반에 퍼져 있는 거울 뉴런을 거치면서 정보해석에 필요한 다른 신경망으로 전달됩니다. 그래서 우리는 불안한 사람을 보면 나도 모르게 근육이 수축되거나 심박수가 높아지면서 덩달아 불안을 경험하게 되는 것입니다.

그렇다면 어떻게 다른 사람의 불안으로부터 나를 보호할 수 있을까요? 심리학의 대가들은 이 문제에 대해 모두 같은 대답을 합니다. 스트레스 심리학으로 유명한 리처드 라자루스 교수는 "걱정과 불안, 공포와 죄책감 같은 감정은 인간으로 태어난 이상 피해갈 수 없는 실존적 감정입니다"라고 이야기합니다.

수용전념치료(Acceptance And Commitment Therapy, ACT)에서는 걱정과 불안에 대해 '걱정을 제거하려고 하면 오히려 고통이 커지고 휩쓸리게 된다. 걱정을 통제하거나 없애야 하는 대상이 아니라 기꺼이 수용하도록 노력해야 한다'라고 말합니다. 걱정을 수용하는 과정이 사실 막연하게 느껴질 수 있기 때문에 3단계로 나눠 나는 어느 수준에 해당하는지 점검해볼 수 있습니다.

첫 번째 단계는 걱정을 인내(Tolerance)하는 단계입니다. 가장 낮은 수준의 단계로 걱정하고 있음을 알아차리고 일단 견뎌보는 단계입니다. 무엇인가 제대로 다루고 싶다면 피해갈 수 없는 단계가 바로 인내입니다. 축구 선수가 단 한 골을 넣기 위해 몇 경기나 인내하며 매 순간 최선을 다해 그 넓은 축구장을 뛰어다니는 것처럼 말이죠. 그리고 끈기 있게 인내하면 반드시 달콤한 열매를 얻기 마련입니다.

두 번째 단계는 걱정을 기꺼이 경험(Willingness)하는 단계입니다. 인내하는 것을 넘어 보다 수용적인 태도로 고통을 기꺼이 경험하는 것입니다. 24시간 안개가 끼어 있는 흐린 나라에 산다고 생각해보세요. 이 나라 사람들이 모두 힘을 모아 안개를 걷어내는 데 집중하면 안개가 걷힐까요? 안개를 걷어내고 싶은 마음이 커질수록 오늘 하루를 제대로 경험하며 살아가지 못하게 될 것입니다. 반면 기꺼이 흐린 날씨를 경험하면서 그 속에서 어떻게 살아가야 할지 고민하는 것이 더 건강한 대응책일 수 있습니다. 이처럼 나의 걱정을 기꺼이 경험하는 것은 매우 중요합니다.

마지막 세 번째 단계는 생각 분리하기(Cognitive Defusion) 단계입니다. '걱정하는 삶은 불행해'라고 생각하고 있다면, 이 생각을 그대로 받아들이지 않고 '나는 지금 걱정하는 삶이 불행하다고 생각하고 있네'와 같이 생각과 사실을 서로 분리하는 과정입니다. 조금 어려울 수 있는 단계이지만, 앞선 내용들에서도 여러 번 반복적으로 나오고 있는 내용인 만큼 중요하고, 지속해서 연습하면 누구나 충분히 할 수 있습니다. 이 3단계를 기억하고 자주 점검하며 실천하는 것만으로도 우리는 걱정에서 충분히 자유로워질 수 있습니다.

미국의 방송인 월 로저스는 "걱정은 흔들의자와 같습니다. 계속 움직이지만 아무 데도 가지 않기 때문입니다"라고 말했습니다. 다른 사람으로부터 전염되어 우리 마음을 끊임없이 흔들어놓는 불안한 마음을 어떻게 멈출지 고민하지 마세요. 그건 마치 흔들의자에 앉아서 흔들의자를 어떻게 멈출지 고민하는 것과 같습니다. 다만 다른 사람에게서 오는 걱정을 피하기 어려울 때가 있다는 것을 인정하고 받아들이면, 어느새 흔들의자를 즐기며 낮잠을 자는 것처럼 편안해질 것입니다.

내가
듣고 싶어 하는 말을
상대에게 해준다

•

한 예능 프로그램에서 개그맨 장동민이 국민 MC 유재석과의 일화를 이야기한 적이 있습니다. 한때 힘든 상황과 걱정 속에 술을 마시고 있었는데, 누가 와서 사진을 찍어달라기에 그 모습을 담기 싫어 거절했다고 합니다. 그러자 사진을 요청했던 사람이 "자기가 유재석이야?"라고 투덜대며 돌아갔다고 합니다. 장동민은 발끈해서 그때 처음으로 유재석에게 연락해 만나자고 했고, 그렇게 유재석은 장동민을 만나 걱정거리를 들어줬다고 합니다.

여러분은 누군가가 여러분에게 걱정거리를 털어놓는다면 어떻게 반응하시나요? 최근에 누군가의 고민을 들어준 적이 있다면 잠시 떠올려보세요. 유재석은 장동민보다 나이가 7살 많고, KBS 공채 개그맨 기수로는 12기나 높습니다. 이른바 대선배인 유재석은 장동민에게 "그래! 잘 찾아왔다!"라며 평생의 걱정거리를 긴 시간 털어놓는 동안 단 한 번도 이야기를 끊지 않고 끝까지 다 들어줬다고 합니다. 다 듣고 나서는 이렇게 한마디를 합니다.

"내가 너의 상황이 아니라서 다 이해는 못 하겠다, 내가 어떻게 너를 감히 이해하겠니?"

살면서 걱정거리를 누군가에게 털어놓았을 때 네게 진정으로 도움이 됐던 상대의 반응은 무엇이었나요? 아마 대부분은 성급한 조언이나 자기 경험을 이야기할 때가 아니라 묵묵히 들어주고 나의 이야기를 있는 그대로 믿어주는 반응을 할 때일 것입니다. 이런 수준 높은 반응은 심리상담사들에게 수년간 교육되는 내용이기도 합니다.

상담심리에는 5단계로 경청 반응이 나뉘어 있습니다. 1-3 단계는 낮은 수준의 경청단계로 사실 경청이라고 부르기도 어려운 반응입니다. 이야기를 듣고 자기 경험을 말한다든가 또는 문제해결을 위해 빠르게 조언을 주는 것입니다. 우리가 일상에서 사람들과 하는 대화가 주로 1-3단계로 이루어져 있다는 것을 떠올린다면 조금 더 경청의 단계를 높여보는 게 관계에 큰 도움이 될 수 있습니다.

4단계의 경청은 상대의 고민거리를 더 물어보고 이해하며 정리해주는 반응입니다. '아, 그랬군요, 그래서 어떻게 되었는데요?'라든가 '그러니까 지금 이런 것들이 걱정이라는 거죠?'와 같은 반응입니다. 그리고 가장 높은 5단계의 경청은 자기의 속마음을 조심스럽고 진솔하게 드러내는 것입니다. 마치 유재석처럼 말이죠. 그래서 5단계의 경청은 말하기로 표현되는 경청입니다. 만약 유재석이 사석에서 처음 만난 장동민의 걱정거리에 1-3단계의 경청처럼 선배로서 충고하거나 조언했다면 어땠을까요? 또는 다 이해하지 못했지만 이해하는 척을 하며 위로해줬다면 어땠을까요?

여러분이 걱정하고 있을 때 가장 듣고 싶어 하는 말은 무엇인가요? 저는 이직이나 퇴사, 사업과 같이 큰 사건을 고민할 때 "난 네가 어떤 선택을 하든 다 잘할 거라 믿어!"와 같은 말이 힘이 되었습니다. 그리고 그 말을 해준 사람의 진심 어린 눈빛과 믿어주는 말투가 아직도 기억에 선명히 그려집니다. 그래서 저도 저에게 걱정과 고민을 털어놓는 주변 사람들에게 성급하게 이야기하기보단 먼저 믿어주고 응원하는 마음을 전하려고 노력합니다.

대학생 A는 친구 B에게 연인과 헤어져야 할지 고민을 털어놓습니다. 그래서 B는 '헤어져라!'하고 조언해줬다고 합니다. 그리고 며칠 후 A를 거리에서 만났는데 그새 연인과 화해하고 사이좋게 걸어가고 있었다고 합니다. 성급한 조언을 해줬던 B는 결국 A와 서먹해지다가 멀어지게 됩니다.

우리는 성급한 조언을 해주다가 어색해지는 경우를 종종 만나게 됩니다. 어쩌면 걱정거리 중 일부는 답이 이미 정해져 있나 봅니다. 그러니 주변 사람들이 걱정거리를 털어놓을 때

는 조언이나 충고를 해주기 전에 충분히 들어주고 공감해주는 것이 필요합니다. 그런 후에도 끈질기게 조언을 요청한다면 조심스럽게 내 생각을 이야기해보는 게 어떨까요?

모두가
나를
좋아할 수는 없다

•

"모든 사람이 다 너를 좋아할 수는 없다. 너도 싫은 사람이 있
듯이 누군가가 너를 이유 없이 싫어할 수 있다. 그렇다고 해서
네가 달라지는 것은 아니다."

1984년부터 청소년 소책자를 발행해온 김형모 발행인의
글입니다. 모두에게 사랑받고 싶지만 모두를 좋아하지는 않
는 내 모습을 간파하고 위로해주는 한마디인 것 같습니다.

사람이라면 다른 사람으로부터 사랑받고 싶은 것이 자연스러운 현상입니다. 개인의 존중을 연구하는 오타 하지메 교수는 "모든 인간은 인정 욕구로부터 자유로울 수 없다"라며, "인정은 애초에 상대방의 의지에 달려 있기 때문에 아무리 노력해도 상대가 인정해주지 않으면 채워지지 않는다"라고 합니다. 결국 내 마음속 인정 욕구의 열쇠는 타인에게 있는 셈이죠. 사랑받고 인정받고 싶은 마음을, 가까운 사람이 아니라 나를 잘 모르는 타인으로부터 채우려고 한다면 큰 화를 겪게 됩니다. 그 내용을 가장 잘 보여주는 것이 그리스·로마 신화 속 파에톤 이야기입니다.

파에톤은 태양신 아폴로의 혼외 아들입니다. 파에톤은 그 사실을 모르고 평범하게 자라던 와중 사춘기가 되었을 때 어머니로부터 출생의 비밀을 듣게 됩니다. 이에 파에톤은 의기양양한 모습으로 마을 사람들에게 자신이 태양신의 아들이라고 밝히지만 사람들은 인정해주지 않습니다. 결국 파에톤은 아폴로를 찾아가 사실 여부를 따지게 되고, 아폴로는 자신이 아버지가 맞다는 것을 증명하기 위해 파에톤의 소원 하나를 들어주겠다고 맹세합니다.

　그러자 파에톤은 태양 마차를 타고 하늘을 달리게 해달라고 간청하여 마을 사람들 모두가 보는 가운데 멋지게 하늘을 가로지릅니다. 사람들의 놀란 표정을 보고 우쭐해진 파에톤이 마을 사람들이 자신을 더 가까이에서 볼 수 있도록 마차의 고도를 낮추자 예상치 못한 일이 벌어집니다. 태양 마차에서 뿜어져 나오는 열기 때문에 대지가 불타고 강이 말라버린 것입니다. 결국 파에톤은 제우스의 번개를 맞고 추락해 죽게 됩니다. 모든 사람에게 인정받고 싶다는 마음 때문에 비참한 최후를 맞게 된 것이죠.

　심리학에서는 다른 사람에게 칭찬받고, 인정받고, 사랑받고 싶어 하는 강박적인 마음을 지칭해 '파에톤 콤플렉스'라고 합니다. 그리고 이 마음이 강해질수록 크게 추락할 가능성도 커진다는 것을 우리는 기억해야 합니다.

　그렇다면 우리는 어떻게 애정 욕구와 인정 욕구를 채워야 할까요? 정답은 '누구로부터 욕구를 채울 것이냐'에 있습니다. 바로 나를 조건 없이 사랑해주는 사람입니다. 이제 막 태어난 아기는 누워서 엉엉 울어도 목청 크게 잘 운다며 부모의 사랑과 인정을 받습니다. 이제 막 걷기 시작한 아이는 몇 발자국 못 가 넘어져도 잘했다며 사랑받고 인정받습니다. 모두가 나를 좋아할 수 없고 모두가 나를 인정해주지 않습니다. 그렇기 때문에 내 마음의 애정 욕구와 인정 욕구는 나를 잘 알고 조건 없이 사랑해주는 사람으로부터 채워야 합니다. 가장 가까운 부모, 나를 잘 아는 친구, 나를 사랑해주는 연인이 바로 첫 번째 후보입니다.

아리스토텔레스는 "인간은 사회적 동물이다"라고 했습니다. 다른 사람과 상호작용을 피해갈 수 없기 때문입니다. 사랑받고 싶다면 가까운 사람들에게 사랑을 표현하세요. 인정받고 싶다면 가까운 사람들을 존중하고 인정해주세요. 그렇다면 어느새 내 애정과 인정의 욕구가 가득 채워져 넘쳐흐르고 있는 것을 발견하게 될 것입니다.

'나와 너'의
경계 설정하기

•

심리학에는 관계중독(Relationship Addiction)이라는 용어가 있습니다. 관계중독은 자신에게 해가 되는 관계일지라도 상대방과 함께 있어야 불안하지 않다고 생각하는 특성을 보입니다. 그래서 관계중독에 있는 사람들은 나와 너의 경계가 없습니다. 관계중독 연구의 대가 토마스 화이트먼과 랜디 피터슨은 관계중독을 총 3가지 영역으로 구분하였습니다. 관계중독의 영역을 이해하면 나와 너의 경계를 설정할 수 있게 되고, 불안과 걱정으로부터 자유로워지는 데 도움을 받을 수 있습니다.

관계중독의 첫 번째 영역은 사랑입니다. 사랑중독은 사랑을 하는 전체 과정을 말하는 것이 아닙니다. '사랑에 빠지는 그 짧은 순간'에 중독되는 것인데, 그 이유는 신경전달 물질에서 찾아볼 수 있습니다. 우리가 사랑에 빠지는 순간, 몰입과 쾌락을 담당하는 도파민이 엄청나게 분비됩니다. 더불어 에너지 수준을 끌어올리는 노르에피네프린까지 뿜어져 나오니 가슴이 쿵쾅거리며 신체 활력이 높아집니다.

아마 많은 사람이 한 번쯤 경험해 보았겠죠? 그렇게 사랑에 빠지는 순간, 우리 몸과 뇌는 강렬한 쾌락을 경험합니다. 이때 만약 어린 시절 가족으로부터 충분한 사랑을 받지 못해 사랑에 대한 갈망과 욕구가 있는 상태라면 금세 여기에 중독돼버리고 맙니다. 사랑중독은 강렬한 쾌락을 동반하며 시작되다 보니 관계를 끊어내는 것 또한 어려워하는 특성이 있습니다.

관계중독의 두 번째 영역은 사람입니다. 사람에 대한 중독은 특정한 사람에게 매달리는 것을 의미합니다. 우리는 살아가면서 다양한 관계에서 다양한 행복을 경험해야 하지만, 사람중독에 걸린 사람은 그렇지 않습니다. 특정한 사람에게서만 행복을 충족할 수 있다고 생각하기 때문에, 그 사람에게 완전히 희생하고 헌신하는 모습을 보이게 됩니다. 이런 균형적이지 못한 모습은 상대방을 지치게 하거나 자신을 이용하게끔 만듭니다. 그러다가 상대방이 떠나버리면 의존할 대상을 잃어버린 채로 큰 걱정과 불안에 휩싸이게 되는 거죠.

관계중독의 세 번째 영역은 성입니다. 성중독은 관계로부터 충분히 안정감을 느끼지 못할 때 그 빈 공간을 성욕으로 해결하려는 특성을 보입니다. 관계 중독적 입장에서 성중독인 사람을 살펴보면, 성욕 해소로 인한 쾌락을 추구한다기보다 내면 깊은 곳에 채워지지 않는 관계로부터의 안정감을 추구한다고 해석할 수 있습니다.

그래서 이들은 먼저 내면의 안정감을 채우기 위해 상대방을 성적 도구로 바라보는 경향이 있습니다. 내면의 불안이 해결되면 그제야 사람으로 바라볼 수 있게 되는 거죠. 이런 면에서 성중독은 상대방에게 깊은 상처를 주게 하고, 그 상처가 결국 자기 자신에게도 돌아오게 만듭니다.

정리하자면 관계중독은 상대방을 과도하게 열망하고, 상대방에게 과도하게 의존하며, 상대방의 신체를 과도하게 원한다는 특징을 보입니다. 과유불급, 그 정도가 지나치면 미치지 못하는 것이라는 말이 있죠. 우리가 일상생활 속 대인관계에서 불안한 마음이 든다면, 나의 관계중독 수준이 어떤지 생각해볼 필요가 있습니다.

우리가 사람들에게 가지는 걱정은 그 사람에게 집착하거나 의존한다고 해결되지 않습니다. 오히려 반대로 나 스스로 건강한 자아상을 갖추었을 때 해결될 수 있습니다. 최근 한 관계중독 연구에 따르면 연인관계에서 상대방에 대한 불안한 마음이 상대방에 대한 집착을 높인다는 결과가 있습니다. 건강한 관계를 맺기 위해서는 상대방에게 찰싹 붙어 있는 것이 아니라, 상호 독립적인 관계로 자기 자신을 중심에 두는 것이 필요합니다.

적당히 거리를 둔 나무들은 서로 건강하게 성장합니다. 하지만 한쪽 그늘에 가려진 나무는 끝내 죽어버리고 맙니다. 나의 그늘 속에 들어와 있는 사람이 있는지, 반대로 내가 누군가의 그늘에 들어가 있는 것은 아닌지 생각해보세요.

비교는
모든 괴로움의
원인이다

•

심리학에서는 비교를 2가지로 나눕니다. 첫 번째는 하향 비교(Downward Comparison)입니다. 나보다 더 상황이 좋지 않은 사람들을 생각하며 스스로 위로를 얻고 용기를 내기 위해 하는 비교입니다.

저도 군 시절에 훈련을 받을 때는 종종 하향 비교를 하며 용기를 낸 적이 있습니다. 무거운 군장을 메고 긴 야간행군 훈련을 할 때는 너무 힘들다가도 '옆에 전우는 발에 물집까지 잡

혀서 나보다 더 힘들 텐데, 나도 포기하지 말아야지!'라고 생각했습니다. 또 다른 훈련에서는 3보 이상 구보라는 규칙이 있었습니다. 세 발자국 이상의 거리는 뛰어다니라는 것입니다. 점심밥을 허겁지겁 먹고 나서 바로 1km 이상의 긴 오르막을 뛰어가야 할 때 너무 힘들었지만, 고개를 돌리면 수백 명의 사람이 모두 뛰어다니는 것을 볼 수 있었습니다. 그러면 '저 사람들 중에는 나보다 체력이 약한 사람도 있을 텐데, 조금만 더 힘내야지!' 하며 용기를 냈던 기억이 선명합니다.

이처럼 하향 비교는 주로 자신의 가치를 재점검하고 자존감을 회복하는 데 사용됩니다. 물론 계속해서 하향 비교를 하면 지금 삶에 안주하게 되고 더 건설적이거나 가치 지향적인 삶에 도달하는 데 방해가 될 수 있지만 급격한 정서적 고통을 수반하지는 않습니다.

그렇다면 우리를 즉각적으로 괴롭히는 비교는 무엇일까요? 바로 상향 비교(Upward Comparison)입니다. 상향 비교는 나보다 더 뛰어나고, 능력 있고, 멋지고, 아름다운 사람을 대상으로 하는 비교입니다. 요즘 우리는 유튜브나 각종 SNS, 심지어는 카카오톡 프로필 사진을 보면서까지도 주위 사람들과 상향 비교를 하곤 합니다.

연령대별로 비교하는 주제가 다른데, 20대에는 해외여행 경험, 누구나 갖고 싶어 하는 물건, 식스팩이나 날씬한 몸매를 비교합니다. 30대에는 내 집 마련, 번듯한 직장, 높은 연봉을, 40대에는 안정적인 생활력, 화목한 가정, 럭셔리한 취미활동을 비교합니다. 50-60대에 들어서도 비교는 여전합니다. 자녀의 대학이나 직업, 사회적 영향력, 좋은 인맥을 비교합니다.

상향 비교는 자신의 선택입니다. 제가 상담했던 어떤 학생은 평소에도 상향 비교하는 습관 때문에 걱정과 불안이 많아 힘들어했습니다. 그러던 와중 이번 학기에 성적장학금을 받게 되었다는 이야기를 들어 축하해줬더니 이런 대답이 돌아왔습니다.

"선생님! 저는 제 교과서에 나오는 인물만큼 잘하지는 못하잖아요!"

이 학생의 비교 대상은 바로 교과서에 이름을 올린 연구자였던 것입니다. 교과서의 연구자가 갑자기 '뿅' 하고 나타나서 학생에게 자기 자랑을 하지는 않습니다. 그저 학생 스스로가 비교를 만들어내 고통받았을 뿐입니다.

저도 최근에는 '내 집 마련이 중요하다', '사회생활을 하려면 골프를 배워야 한다', '주식을 해야 부자가 될 수 있다'와 같은 이야기를 많이 들었습니다. 대한민국에서는 마치 불문율처럼 다뤄지는 주제죠. 그러다 보니 점차 주변에 내 집 마련에 성공한 친구, 주말에 골프를 치며 멋진 사진을 SNS에 올리는 친구, 주식이나 코인으로 큰돈을 번 친구들을 발견하게 됩니다. 그리고 그들과 저를 비교하며 '나도 해봐야 하나?' 하는 생각이 들기도 하지만 선뜻 시작하기는 어렵습니다. 그러다 보니 시작은 못 하고 걱정만 쌓이는 것이죠.

심리학 연구에 따르면 상향 비교를 하면 자신의 현재 위치를 확인하고, 더 나아가기 위한 동기 부여에 도움이 된다고 합니다. 그래서 적당한 비교를 통해 부동산이나 주식에 건강한 관심을 두고, 골프나 테니스와 같은 운동을 배워보는 것은 삶의 만족감에 도움이 된다고 생각합니다. 하지만 대부분의 사람은 비교를 통해 내 삶을 발전시키기보다 현재 삶에 불만족해하며 우울과 불안, 열등감과 무력감을 경험하게 됩니다. 그래서 우리의 행동이 어떤 비교에 의해 발동되는지 항상 예의 주시해야 합니다.

최근 한 코치분을 만나 부동산 이야기를 했는데 이런 말씀을 해주셨습니다.

"대한민국에서 부동산은 좋은 투자가 맞지만 더 중요한 것은 내 삶의 비전과 가치예요. 5년 뒤, 10년 뒤의 내 모습에 부동산이 얼마나 큰 가치를 가지는지를 생각해보세요."

돈으로 행복을 살 수 있을까요? 사실 이미 수십 년 전부터 돈과 행복에 관한 연구가 활발히 진행돼 왔기 때문에 심리학에서는 어느 정도 답을 정해놓고 있다고 볼 수 있습니다. 2002년 그리고 2015년에 각각 노벨상을 수상한 앵거스 디턴과 대니얼 카너먼의 공동연구에 따르면, 우리가 받는 연봉이 약 8,000만 원이 되면 그것이 주는 행복감은 더 이상 높아지지 않는다고 합니다.

물론 돈이 많으면 삶의 경험과 만족감이 높아지겠지만 그로부터 채울 수 있는 한계가 분명하다는 것을 인지해야 합니다. 또 돈이 아무리 많다 하더라도 1억 부자는 10억 부자를 부러워하고, 10억 부자는 100억 부자를 부러워하기 마련입니다. 그러니 먼저 돈과 관련된 상향 비교가 나를 고통 속으로 몰고 있는건 아닌지, 또 돈 때문에 오늘 하루 작은 꽃잎의 흩날림과 부드러운 바람 소리를 놓치고 있는 것은 아닌지 확인하는 것이 필요합니다.

비교를 시작하는 사람도 나 자신이고, 비교를 멈출 수 있는 사람도 나 자신입니다. 모든 비교로부터 오는 괴로움을 멈출

수 있는 열쇠는 내가 쥐고 있습니다. 비교가 주는 힘이 긍정적

이라면 문을 열어두세요. 하지만 비교가 나를 조금이라도 괴

롭게 한다면, 지금 당장 문을 닫고 손에 쥔 열쇠로 굳게 잠가

주세요. 열쇠는 바로 여러분 손에 있습니다.

걱정을 관리할 때는 마인드셋이 필요합니다. 걱정을 완전히 해소하지 못한다고 하더라도 끊임없이 도전하고, 다양한 관점으로 걱정을 바라보며, 더 나아가 걱정의 긍정적인 면모를 삶에 적용하고자 노력해야 합니다. 밀려드는 걱정을 해치우는 가장 좋은 해결책은 '지금 나는 어떤 태도로 걱정을 대하고 있는지' 이 질문에서부터 시작합니다.

5장

걱정을 긍정 에너지로 바꾸는 방법

백 점이 아니라도
인생은
괜찮다

•

세계에서 100점에 가장 민감한 나라는 대한민국입니다. 수능만 봐도 1등급을 맞기 위해 약 50-60만 명의 수험생들이 고군분투하지만 1등급은 단 4%일 뿐입니다. 그렇게 한 문제 차이로 2등급을 받은 학생은 자신의 인생이 '실패했다'며 크게 좌절하고 재수를 하며 1년이라는 소중한 시간을 걱정 속에서 살아가게 됩니다. 그 1년간의 걱정과 불안함은 겪어보지 못한 사람들이라면 상상하기 힘든 고통일지도 모르겠습니다.

안타깝게도 삶의 걱정은 여기서 끝나지 않습니다. 취직을 위해 수십 번의 자기소개서와 면접을 보며 실패를 경험해야 하고, 입사하더라도 쟁쟁한 경쟁자들을 제치고 승진하기 위해 야근해야 합니다. 제가 한 대기업에 강의하러 갔을 때는 무려 200번이나 취직에 도전해 입사한 신입사원도 있었습니다. 연애, 결혼, 출산, 내 집 마련, 인간관계 등 우리를 걱정의 늪으로 빨아들이는 일들은 언제나 우리 주변에 존재합니다. 그리고 우리는 그 과정들에서 100점을 맞고자 노력하다가 걱정 속에 지친 일상을 보내기도 합니다.

100점짜리 인생을 살기 위해 노력하는 이유는 특히나 학창 시절 높은 성적을 받는 것이 성공적인 인생을 보장한다고 여겨졌기 때문입니다. 하지만 심리학에서는 그렇지 않습니다. 성적과 행복에 관한 심리 연구에 따르면 100점을 받은 학생과 80점을 받은 학생의 행복감에는 큰 차이가 없었습니다. 또 성공에 대한 목표가 높은 사람이 실제로 더 높은 성과를 보이겠지만 삶의 행복감은 더 낮다는 결과도 있습니다. 이런 심리 연구들로 인해 알 수 있는 점은, 우리가 목표한 것에 100점이 아니라도 괜찮다는 것입니다. 우리는 모든 영역에서 100점을 맞을 수 없습니다. 그러니 100점을 맞기 위해 걱정 속에서 하루를 보내는 것보다 100점이 아니어도 괜찮다는 사실 속에서 하루를 보내는 것이 현명합니다.

2023년 대한민국은 강점(Strength)이라는 심리 키워드에 반응하고 있습니다. 즉, 우리는 누구나 부족한 점이 있는데 그것을 채우는 것이 아니라 자신만의 특별한 강점을 찾아 더 나은 삶을 살아가는 것이 지혜로운 삶이라는 관점입니다.

여기에는 두 가지 핵심이 있습니다. 하나는 자신의 부족한 점(-)을 열심히 채우면 0에 도달할 수 있지만 자신의 잠재력(+)에 집중하면 강점을 통해 특별한 나를 찾아갈 수 있디는 깃입니다. 두 번째는 자기 잠재력이 꼭 100점일 필요가 없으며, 노력한 만큼의 결과에 만족할 수 있다면 그것이 우리를 행복으로 이끌어준다는 것입니다.

세계적인 축구 스타가 된 손흥민의 경우 볼컨트롤 역량이 최대 약점으로 꼽힙니다. 만약 손흥민이 대부분의 연습 시간을 볼컨트롤 능력을 기르는 데 사용했다면 적당히 좋은 선수가 되었을 겁니다. 지금의 손흥민을 세계 최고로 만든 것은 빠른 스피드와 강력한 양발 슈팅력입니다. 손흥민은 어릴 적부터 아버지와 매일 오른발로 500번, 왼발로 500번 슈팅하는 데 집중했습니다. 중요한 것은 100점이 아니어도 그저 자신의 노력에 따른 결과를 받아들이고, 자기 잠재력을 더욱 강화하며, 스스로를 믿고 작은 성취감을 통해 앞으로 나아간다면 그것이 바로 걱정하며 사는 삶보다 분명히 더 좋은 삶을 약속한다는 것입니다.

그러니 지금부터는 나의 걱정거리에서 벗어나 나의 잠재력과 강점에 초점을 맞춰보세요. 삶을 더욱 빛나게 만들어줄 것입니다.

한 걸음만
내딛는다고
생각하자

•

세상을 살아가는 사람 누구라도 일상에서 불쑥 찾아오는 막막함을 만날 때가 있습니다. 독자분들도 그렇고 저 또한 그렇습니다. 그런 때면 딱 한 걸음을 내딛는 게 그렇게 어려울 수가 없습니다. 그래서 저에게도 '한 걸음만 내딛자'라는 말이 큰 위로와 용기가 되기도 합니다.

주변의 자가들과 이야기하다 보면 모두 공감하는 부분이 있습니다. 바로 처음 책을 쓸 때의 막막함입니다. 문서파일을 열고 하얀 화면을 보고 있자면 급격하게 무기력해지고 가슴이 턱 막힌 듯한 답답한 느낌이 듭니다. 그래도 한 줄, 두 줄 쓰다 보면 어느새 한 페이지가 되고, 결국 한 페이지들이 모여 한 권의 책이 만들어집니다.

헬스장에 가서 딱 30분만 운동하자는 목표도, 매일 책 10쪽만 읽자는 다짐도 시작하기 직전에는 거대한 성벽 앞에 서 있는 것처럼 한숨부터 나옵니다. 그리고 '나는 의지력이 부족해'라고 되뇌며 자신을 탓하곤 합니다. 이럴 때마다 우리가 기억해야 할 것이 하나 있습니다. 모든 변화의 시작은 누구에게나 힘들다는 것입니다.

주차장에 이중주차 되어 있는 차를 떠올려보세요. 멈춰 있는 자동차를 움직이게 만드는 순간에 가장 큰 힘이 일어납니다. 이윽고 자동차가 굴러가기 시작하면 그보다 작은 힘만 유지해도 자동차가 관성에 따라 계속 굴러가는 거죠.

또 100m 육상 선수들을 떠올려보세요. 경기장을 내달릴 때는 팔과 다리가 자연스럽게 움직이면서 리듬에 맞춰 부드러운 몸동작을 보여줍니다. 처음 출발선에서는 어떤가요? 총성이 울리는 순간, 힘차게 발을 내디디며 역동적인 몸동작을 보여줍니다. 시작하는 데 필요한 에너지가 매우 강렬하다는 증거입니다.

우리의 발걸음도 마찬가지입니다. 첫 한 걸음에 가장 큰 에너지가 들어갑니다. 그 한 걸음을 내디딘 이후에는 관성에 따라 원하는 일을 해낼 수 있습니다. 이처럼 변화를 주기 위해서는 처음 시작이 중요합니다. 그렇다면 이 한 걸음을 움직이기 위해서 무엇이 필요할까요?

많은 사람이 의지력을 이야기합니다. 물론 의지력도 필요하지만 다양한 심리연구자료를 살펴봤을 때 더 중요한 것은 환경설정입니다. 우리 머릿속에 걱정거리가 한가득 피어오르고 있다고 상상해보세요. 이걸 의지력으로 통제하는 것은 정말 쉽지 않은 일입니다. 하지만 머릿속의 환경을 바꿔버리면 쉽게 걱정이 사라질 수 있습니다.

일본의 심리상담자 시이나 유이치는 아주 생뚱맞은 상황을 떠올려서 머릿속 환경을 바꿔버리면 그 걱정이 지금 정말 필요한 걱정인지 알 수 있다고 합니다. 예를 들어, 지금 안고 있는 걱정거리가 '유럽으로 여행을 떠나 아름다운 석양을 바라보고 있는 상황'에서도 여전히 유효할지 떠올려보라고 합니다. 또는 '우주여행을 마치고 귀환하고 있는 상황'이라든지 '한 달간 열심히 준비한 춤을 무대 위에 올라 신나게 추고 있는 상황'을 떠올리며 그런 상황에서도 지금 이 걱정이 정말 필요한 걱정인지 살펴보라는 것입니다.

머릿속 상황뿐만 아니라 현실의 상황을 바꾸는 것도 좋습니다. 저도 '글을 써야 하는데⋯. 언제 쓰지?' 하고 자주 걱정합니다. 그러다가 무작정 짐을 싸서 집 앞 카페에 가곤 합니다. 일단 카페에 도착해 시원한 커피를 한 잔 마시고 노트북을 펼치는 순간 글을 쓰는 것 말고는 할 게 없습니다. 그리고 사실 이번 편의 글도 그렇게 쓰고 있습니다. 이제 곧 이 글을 마무리할 텐데 오늘 저녁에는 동네를 30분 정도 뛰고 싶은 마음이 듭니다. 그래서 집에 들어가자마자 옷을 갈아입고 일단 집을 나설 생각입니다. 그러면 십중팔구 러닝을 하게 되겠죠.

　지금 당장 해결할 수 있는 걱정거리는 현실의 환경을 바꿔보세요. 그리고 한 걸음 내디뎌보세요. 그 한 걸음이 큰 변화의 시작이 될 것입니다. 반면 지금 당장 해결하기 어려운 걱정거리라면 머릿속 환경을 바꿔보세요. 전혀 다른 상황에서 바라보는 내 걱정이 어쩌면 별거 아닌 것처럼 느껴져서 피식 웃음이 날지도 모르니까요.

과정을
해내는 스스로를
칭찬한다

●

'과정을 칭찬하라'는 말을 들어보셨을 겁니다. 그렇지만 가장 적용하기 어려운 말이기도 하죠. 당장 최근에 누구에게 얼마나 칭찬했는지조차 떠올려보기가 쉽지 않습니다. 그런데 그 칭찬을 과정에 적용하는 고급 스킬까지 해 보이라니, 참 어려운 일입니다. 그럼에도 불구하고 사람들은 왜 이렇게 과정을 칭찬해야 한다고 강조할까요?

세계적인 발달심리 석학 캐롤 드웩 교수는 과정을 칭찬하는 것의 효과를 검증하기 위해 집단을 나눠 총 4번의 실험을 진행했습니다. 먼저 학생들에게 쉬운 문제를 풀게 하고 한 집단에는 '똑똑하다'고 지능에 대한 칭찬을, 다른 집단에는 '애썼다'고 과정에 대한 칭찬을 합니다. 이후 두 번째 시험을 보는데 학생 스스로 난이도를 고르도록 합니다. 그러자 과정에 칭찬받은 학생들의 90%가 어려운 시험을 풀어보겠다며 의욕을 보였습니다. 결과와 상관없이 노력하는 모습으로 또 칭찬받을 거라 예상했기 때문입니다.

반면, 지능에 대해서 칭찬받은 학생들은 대부분 쉬운 시험을 골랐습니다. 혹시나 어려운 문제에 도전했다가 성적이 좋지 않으면 '멍청하다'는 피드백과 함께 선생님을 실망하게 할까봐 걱정했기 때문입니다.

세 번째 시험은 두 집단 모두 어려운 난이도의 문제를 풀게 합니다. 그러자 과정을 칭찬받았던 학생들은 문제 풀이에 깊게 몰두했고, 그 결과 고난도이 문제를 풀어내는 학생이 등장해 실험 중인 심리학자들을 놀라게 하기도 했습니다. 반면 지능을 칭찬받았던 학생들은 어려운 문제 앞에 낙담하고 무기력한 모습을 보였습니다.

마지막 실험에서는 맨 처음 봤던 쉬운 수준의 문제를 다시 풀게 합니다. 놀랍게도 지능을 칭찬받았던 집단은 처음보다 성적이 20% 떨어졌습니다. 지식과 재능은 타고나는 거라고 생각했던 그들은 문제를 풀고자 하는 의욕 자체를 상실했습니다. 무모한 도전을 하면 실패하여 자신의 부족한 모습을 보여주게 된다고 생각했기 때문입니다. 이것을 심리학에서는 '고정 마인드셋'이라고 부릅니다.

과정을 칭찬받았던 집단은 처음보다 성적이 30% 올랐습니다. 노력하면 좋은 피드백을 받고, 그 과정에서 성장하게 된다는 것을 깨우쳤기 때문입니다. 이것을 심리학에서는 '성장 마인드셋'이라고 부릅니다.

우리가 걱정을 대할 때도 마찬가지입니다. '걱정 없는 내 모습이 최고야!'라고 생각하며 행복만 가득한 날을 꿈꾼다면 그것은 고정 마인드셋이 됩니다. 앞으로 세상을 살아가며 큰 걱정거리를 마주할 때마다 큰 부담감을 느끼게 되고 걱정거리를 피하게 되며 잠재력을 발휘하지 못하게 됩니다. 반대로 '지금 당장 완벽하게 풀어낼 수는 없지만, 큰 걱정거리를 해결하기 위해 건설적으로 노력하는 내 모습이 자랑스러워!'라고 생각한다면 그것은 성장 마인드셋이 됩니다.

걱정을 관리할 때는 성장 마인드셋이 필요합니다. 걱정을 완전히 해소하지 못한다고 하더라도 끊임없이 도전하고, 다양한 관점으로 걱정을 바라보며, 더 나아가 걱정의 긍정적인 부분을 발견해서 삶에 적용하고자 노력해야 합니다. 지금 나는 걱정을 고정 마인드셋으로 대하고 있는지, 성장 마인드셋으로 대하고 있는지 잠시 생각해봅시다.

피겨여왕 김연아는 자신이 '욱' 하는 다혈질 성격이라고 언급했습니다. 최정상을 다투는 선수들에게는 멘탈관리가 핵심이기 때문에 치명적인 단점이죠. 세계에서 가장 빠른 남자 우사인 볼트는 100m 달리기를 하기에는 큰 체격으로 공기저항을 많이 받는다는 단점을 언급했습니다. 갑자기 웬 단점 이야기냐고요? 한 분야의 최정상에 있는 사람들도 모두 단점이 있다는 것입니다. 걱정의 관점에서 해석하면, 우리는 모든 걱정거리를 해결하기도 어렵고, 걱정거리를 풀어낸다고 하더라도 도저히 풀리지 않는 걱정거리가 여전히 남아 있음을 인정해야 합니다.

우리가 시도하는 모든 걱정 정리 방법이 내 걱정을 모조리 없애주지는 않을 것입니다. 어떤 방법은 나의 걱정을 관리하는 데 좋은 효율을 내겠지만 어떤 방법은 나랑 잘 맞지 않아서 오히려 걱정이 늘어날 수도 있습니다. 그래도 괜찮습니다. 그것이 자연스러운 모습이기 때문입니다.

중요한 것은 김연아도, 우사인 볼트도 모두 자신의 단점을 관리하기 위해 포기하지 않고 끊임없이 노력했다는 점입니다. 우리도 그래야 합니다. 걱정거리를 관리하기 위해 그들처럼 도전하고, 실패를 통해 배워야 합니다.

그러니 걱정이 해결된 결과에 대해 칭찬하기보다 지금 이 순간 걱정거리를 더 잘 관리하기 위해 이 책을 읽어나가고 있는 나의 노력과 그 과정을 칭찬해주세요. 나 참 잘하고 있다고, 대견하다고요.

지금
중요한 것에
집중한다

•

격정과 불안을 가라앉히는 가장 빠르고 효과적인 방법은 심호흡이라는 것에 많은 분이 동의하실 겁니다. 마음이 차분히 가라앉고 편안해지죠. 누구라도 지금 심호흡을 한다면 그 효과를 느껴볼 수 있습니다. 하지만 심호흡이 과학적 가치를 지니게 된 것은 그리 오래되지 않았습니다.

예전에는 몸은 몸으로 치료하고 마음은 마음으로 치료해야 한다는 믿음이 있었습니다. 그래서 걱정과 불안은 생각이

나 감정을 다뤄야만 치료할 수 있다고 생각했습니다. 그러다가 정신의학이 한차례 전환점을 맞이합니다. 빠르게 발달하는 수술법과 약물 치료법 덕분에 마음을 치료하는 과정에 외부 치료를 적용할 수 있게 된 것입니다. 그 결과 걱정과 불안을 다스리기 위해 호르몬을 조절하는 약물을 먹거나, 전기경련요법(Electro Convulsive Therapy, ECT)을 실시하기도 합니다.

이로 인해 더 많은 사람이 정신적으로 도움을 받았지만, 모든 발전에는 양면이 있는 법이죠. 의과학이 발달하면서 의사와 환자의 관계가 기계적으로 바뀌게 되고, 환자는 스스로 자가 치유의 노력을 하지 않게 됩니다. 가벼운 감기에도 곧장 병원에 가서 쉽게 약을 처방받을 수 있는 것처럼, 마음의 감기에도 마찬가지였던 것입니다. 작은 걱정에도 크게 반응하고 걱정의 좋은 점은 바라보지 않게 된 것이죠. 또 스스로 걱정을 관리하려고 하지도 않게 됩니다.

이에 반기를 든 사람이 바로 허버트 벤슨입니다. 처음에 말한 심호흡을 과학화 한 사람이죠. 허버트 벤슨은 심신의학의 아버지라고 알려져 있습니다. 1969년부터 하버드 의대 교수로 재직하면서 심신의학에 대해 고민을 해왔고, 1975년『이완반응』책을 통해 심호흡의 중요성을 과학적으로 설명합니다. 이것을 바탕으로 하버드대학교는 심신의학연구소를 설립하였고, 오늘날 미국 의사의 3분의 2가 심신의학요법을 받아들이고 환자에게 권유하고 있습니다.

그럼 우리도 가장 쉬운 이완반응을 알아볼까요? 먼저 수식관(數息觀)입니다. '숫자를 보며 쉰다'는 뜻의 이 명상은 먼저 조용한 장소에 편안하게 앉아 눈을 감는 것으로 시작합니다. 머리끝부터 발끝까지 온몸의 근육을 편안히 이완시키고, 이후 숨을 들이마시고 내쉬면서 '하나', 다시 들이마시고 내쉬면서 '둘'과 같이 숫자를 세는 겁니다.

처음에는 10까지 세도 좋고, 집중이 잘 된다면 30이나 50, 더 나아가 100까지 셀 수도 있습니다. 이 과정을 거치면 몸이 이완되고, 깊은 휴식을 느낄 수 있습니다. 아주 간단하죠?

또 다른 방법으로는 만트라(Mantra) 명상이 있습니다. 마음 보호라는 뜻을 가진 이 명상은 들이마시면서 '어(ah)', 내쉬면서 '함(hum)'이라고 소리 내어 심호흡하는 겁니다. 'ah-hum'은 산스크리트어(고대 인도어)로 'I AM : 나'를 뜻하는 말입니다. 지금 이 순간 나에게 집중하며 휴식을 취하도록 돕는 단어이죠. 물론 꼭 이런 고대언어를 사용할 필요는 없습니다. 허버트 벤슨 교수는 종교가 있으면 '아멘'도 좋고, 종교가 없다면 '평화'나 '사랑'도 좋다고 합니다. 다만 현재에 온전히 머무르는 것 자체가 몸과 마음을 돌보는 첫걸음이라고 소개하고 있는 것입니다.

심호흡의 과학화를 말할 때 빼놓지 않고 등장하는 것이 바로 미주신경입니다. 미주신경은 뇌 신경으로 뇌, 얼굴, 가슴, 배에 걸쳐 분포해 있습니다. 그리고 우리가 숨을 깊이 들이마셨다가 길게 내쉴 때 미주신경이 자극받아 온몸을 이완시킵니다. 호흡을 뜻하는 영어단어 'Breath'는 게르만어 'Brathaz'로부터 나왔는데 '숨을 내쉰다'라는 의미를 지닙니다.

우리는 살아가며 달콤한 냄새, 타는 냄새 등 냄새를 맡는 역할의 코만 생각하다 보니 숨을 내쉬는 일이 얼마나 중요한지는 잊고 삽니다. 호흡의 어원을 떠올리며 내쉬는 숨의 중요성도 기억해야 합니다. 숨을 길게 내쉬는 것이 미주신경을 자극하고 그를 통해 온몸에 이완감을 줄 수 있는 가장 쉽고 빠른 방법이기 때문입니다.

더 확실하게 미주신경을 자극하고 싶다면, 심호흡을 할 때 들이쉬는 숨은 깊고 빠르게 마시고, 내쉬는 숨은 천천히 길게 내쉬면 좋습니다. 또 소리를 내는 만트라 호흡을 통해 몸에 진동을 주어 미주신경을 자극하는 것도 좋습니다.

우리는 매 순간 살아 숨 쉽니다. 반대로 이야기하면, 숨을 쉬고 있기 때문에 살아 있는 것이기도 합니다. 모든 삶의 시작과 끝은 호흡입니다. 심호흡을 통해 내 몸을 건강한 상태로 만들어보세요. 자연스럽게 몸과 마음이 이완되며 휴식상태에 접어들고, 머릿속 걱정과 불안이 잠드는 것을 경험할 수 있을 겁니다. 그렇게 안정적인 상태에 들어갔다면 지금 해야 할 일에 더 집중하여 더 잘해낼 수 있을 것입니다.

심호흡은 걱정과 불안을 피하는 과정이 아닙니다. 걱정을 정리하기 위해 꼭 필요한 첫 단계입니다. 이완반응을 연습하세요. 그리고 지금 이 순간에 존재하세요. 언제든 걱정거리로 불안한 마음이 든다면 호흡으로 돌아오세요. 마법처럼 고요해지는 것을 느낄 수 있을 것입니다.

내가
좋아하는 것들로만
내 하루를 채운다

•

우리의 인생은 누구에게나 공평하게 유한하고, 언젠가 반드시 죽게 되어 있죠. 그래서 내 삶을 좋아하는 사람, 좋아하는 음식, 좋아하는 것들로만 가득 채우기에도 부족하다는 것을 알고 있습니다. 하지만 인생은 파도와 같아서 좋을 때가 있으면 싫을 때가 반드시 등장합니다. 참 아이러니하지만 내 맘대로 되지 않는 게 우리의 삶이죠.

가수 임슬옹의 노래 'New You'에는 이런 가사가 나옵니다. '상관없어, 지난날 지난 얘기. 말하지 말고 마구 사랑만 하자'. 과거에 얽매이지 말고 오늘 하루에 충실히 사랑하자는 내용입니다. 맞습니다. 과거나 예측할 수 없는 미래에 얽매이지 말고, 오늘 하루를 충실히 살아야 합니다. 그렇다면 예측할 수 없는 삶을 어떻게 좋아하는 것들로만 가득 채울 수 있을까요? 애초에 인생이 파도라면 좋아하는 것들만 채운다는 게 불가능한 이야기 아닐까요?

다행히도 심리학자들은 해결책을 가지고 있습니다. 첫 번째는 좋아하는 것을 미시적 관점과 거시적 관점의 양방향에서 늘려나가야 한다는 것입니다. 먼저 미시적 관점에서 행복을 늘리는 방법입니다. 연세대 심리학과 서은국 교수는 자신의 저서 『행복의 기원』에서 하루 속 행복의 핵심을 '좋아하는 사람과 함께 음식을 먹는 것'으로 정의했습니다. 행복은 크기보다 빈도가 중요하다는 의미입니다.

실제로 우리 뇌는 트라우마가 될 만한 기억이 아니라면 강도가 아니라 빈도를 기억합니다. 그래서 오늘 하루 중에 소소하고 작은 행복이 많으면 그날을 '행복한 날'로 이름 붙이고 기억하게 되는 겁니다.

반대로 거시적 관점에서의 행복은 삶의 목표와 가치, 성장과 의미를 말합니다. 서울대 심리학과 최인철 교수는 자신의 저서 『굿 라이프』를 통해 인생 속 행복의 핵심으로 '의미 있고 가치 있는 경험을 하는 것'이라고 정의했습니다. 실제로 긍정심리학에서 말하는 행복의 5가지 조건 PERMA(긍정 정서, 몰입, 관계, 의미, 성취)에 가까운 내용이죠.

여러분은 하루 속 작은 행복과 삶의 큰 행복 중 어떤 것으로 하루를 살아가고 계신가요? 삶의 목표와 가치를 달성하기 위해 오늘 하루의 작은 행복을 놓치며 파김치가 될 정도로 일하고 계신가요? 아니면 매일의 작은 행복을 충분히 경험하면서 살아가지만 내 삶의 종착점이 어디인지는 잘 모른 채 방황하며 살아가고 계신가요?

중요한 것은 누구라도 한쪽으로 치우친 경우가 많다는 것입니다. 미시적-거시적 2가지 행복을 점검하며 균형적인 하루를 채워갈 때 우리는 최상의 삶을 살게 됩니다. 좋아하는 것들로 하루를 채운다는 것은 사랑하는 사람과 맛있는 음식을 먹으며 행복을 경험하면서도, 삶의 가치를 이루기 위해 몰입하고 노력하는 시간이라고 정리할 수 있습니다.

우리 인생은 마치 과일 바구니 같아서 싱싱한 과일을 담기 위해서는 바구니 속 썩은 과일을 빼내는 것도 중요합니다. 즉 좋아하는 것들로 삶을 가득 채우기 위해서는, 좋아하지 않는 것들을 바구니에서 꺼내는 과정이 필요합니다. 삶에서 더 많은 행복을 경험하는 것도 중요하지만 고통스러운 때를 잘 견디는 것도 중요하다는 말입니다. 심리학에서는 이를 자기 자비(Self-Compassion)라는 개념으로 설명합니다.

이 분야의 대가인 크리스틴 네프는 자기 자비를 '고통스러운 순간을 피하지 않고 오히려 너그럽게 자신을 돌보는 태도'라고 정의합니다. 자기 자비는 크게 3가지로 구성되어 있는데, 고통받는 자신을 온화하고 친절하게 대하는 자기 친절(Self-Kindness), 고통을 있는 그대로 관찰하는 마음챙김(Mindfulness), 고통과 실패를 인간 경험의 한 부분으로 이해하며 자신과 타인 모두 연민할 가치가 있다고 보는 인간보편성(Common Humanity)입니다. 이런 자비로운 태도가 우리의 걱정과 불안은 낮추고 더불어 행복감은 높인다는 결과가 많습니다.

삶이라는 바구니에 싱싱한 과일만 채우고 싶지만, 이미 썩어 있는 과일이 있으면 금세 온 과일로 퍼져나가 전부 썩어버릴 수 있습니다. 그래서 우리는 행복을 늘리고 고통을 줄이는 2가지 측면을 골고루 생각해보아야 합니다. 자기 자비는 자존감의 대안적 개념으로 최근에는 자존감보다 더 많이 연구되기도 합니다. 행복을 추가하고 불행은 걷어내는, 또 큰 행복과 작은 행복을 삶에 녹여내는 지혜로움으로 오늘을 살아보세요. 반드시 나의 하루가 풍요로워질 것입니다.

작은 행복들이 모여
인생의
행복이 된다

•

심리학에서는 행복을 두 단계로 나눕니다. 1단계 행복은 주관적 안녕감(Subjective Well-being: SWB)입니다. 말이 조금 어려워 보이지만 그 내용은 아주 직관적입니다. 오늘 하루 기쁘고 즐거운 일이 얼마나 많았는지, 또 고통스럽고 싫은 일은 얼마나 적었는지에 관한 내용입니다. 그렇게 긴 하루를 보낸 이후 잠자리에 들기 전 하루를 되돌아보면 결과적으로 오늘 하루가 만족스러운 하루였는지 평가할 수 있겠죠! 이것을 1단계 행복이라고 합니다.

2단계 행복은 심리적 안녕감(Psychological Well-being: PWB)입니다. 심리적 안녕감은 내적 성장과 삶의 의미를 높여주는 하루를 살았는지 물어봅니다. 그래서 더 방대하고 깊이 있는 개념으로 이루어져 있는데, 자아 수용성, 긍정적 대인관계, 자율성, 통제력, 삶의 목적, 개인의 성장과 같은 내용이 심리적 안녕감을 설명하는 데 필요한 단어입니다.

그렇다면 1단계 행복과 2단계 행복을 어떻게 설계해야 인생을 행복하게 잘 살고 있다고 할 수 있을까요? 그 해답은 최근 연구 결과에서 찾아볼 수 있습니다. 2019년 서울대학교와 카카오는 무려 1년 동안 100만 명 이상의 사람들을 대상으로 대규모 행복 연구 프로젝트를 실시합니다. 그 결과 행복 점수가 높은 사람과 보통 이하인 사람 사이에서 한 가지 주목할 만한 차이점을 발견했는데, 바로 '어떤 활동을 했을 때 행복감을 느끼는가'에 있었습니다.

행복감이 보통 이하인 사람들은 '여행 가기, 친구 만나기, 맛있는 음식 먹기, 영화 보기, 게임 하기'와 같은 활동을 할 때 행복감을 느낀다고 말했습니다. 반면 행복감이 높은 사람들은 행복감이 보통 이하인 사람들의 활동에 더해 다음과 같은 활동에서도 행복감을 느낀다고 응답했습니다.

'운동하기, 감사일기 쓰기, 명상하기, 새로운 목표 달성하기, 강연 듣기, 책 읽기, 현재에 집중하기'.

어떤 차이가 있는지 발견하셨나요? 행복감이 보통 이하인 사람들은 1단계 행복 활동에서 주로 행복감을 경험했고, 행복감이 높은 사람들은 1단계에 더불어 2단계 행복 활동에서도 행복감을 경험했다는 것입니다.

명상도, 감사일기 쓰기도, 책 읽기도, 운동히기도 잘 안 하신다고요? 괜찮습니다! 이제부터 행복감이 평균 이상으로 올라갈 엄청난 가능성이 있는 상태라고 받아들이시면 됩니다. 혹시 이런 활동들이 부지런한 성격이거나 특정한 사람들에게만 효과 있는 것들이라고 생각하시나요? 그렇지 않습니다. 특정한 사람이라서 2단계 행복 활동을 하는 게 아니라, 2단계 행복 활동을 하기 때문에 나의 하루가 행복해지는 것입니다.

2단계 행복 활동은 우리나라 사람들에게 특히 더 효과가 좋습니다. 2022년 세계행복보고서에 따르면 현대사회에서 주목하고 있는 행복은 신나고 활기찬 행복이 아니라 균형적이고 평온한 행복이기 때문입니다. 바쁜 현대사회에서 사람들은 행복을 '내면의 평화'나 '일과 삶에 대한 균형감'으로 설명합니다. 워라밸(Work-Life Balance)이나 기회의 균등과 같은 내용인데, 아쉽게도 조사한 89개국 중 우리나라가 89등 꼴찌로, 가장 행복을 느끼지 못하는 나라인 셈입니다.

다행스럽게도 2단계 행복 활동은 대부분 바로 이러한 내용에 초점을 맞춰서 균형감과 평온함을 높이는 활동으로 이루어져 있습니다. 결론적으로 우리가 2단계 행복 활동을 삶 속에 꾸준히 스며들게 한다면 가장 완벽한 모습의 행복을 경험할 수 있다는 말이 됩니다.

명상하기, 감사일기 쓰기, 책 읽기, 운동하기 등 2단계 행복과 관련된 활동을 생각해보고 지금 당장 적용해볼 하나를 선택하고 계획을 세워 실천해보세요. 물론 누구라도 매일 명상하거나 매일 운동하기는 쉽지 않습니다. 그러니 가능한 한 가볍게 계획하고 시작해보세요. 우리의 마음을 움직이는 힘은 작은 성취감과 점점 쌓여가는 실력으로부터 나옵니다. 그렇게 행복을 온몸으로 느껴보는 겁니다.

만약 2단계 행복 활동을 시작했다가 잘 되지 않아서 걱정이 밀려오면 어떻게 해야 할까요? 1단계 행복 활동으로 돌아가면 됩니다. 맛있는 것을 먹고 기분 좋은 시간을 보내세요. 그러면 다시금 2단계 행복 활동에 도전할 힘이 생길 겁니다. 아주 작은 시도부터 다시 가볍게 시작하면 됩니다. 걱정은 빠르고 침투적으로 우리 머릿속에 등장하지만 언제든 툭 내려놓을 수 있다는 사실을 기억하고 믿으세요.

내 삶의 주인은 나입니다. 이 사실은 10년이 지나도 100년이 지나도 바뀌지 않습니다. 여러분은 힘 있는 사람입니다. 그리고 매 순간 변화하고 성장하는 존재입니다. 여러분의 잠재력을 저는 믿습니다. 더 나은 삶을 여러분 스스로에게 선물하세요. 그리고 한가득 행복하세요. 여러분은 가장 크고 깊게 행복할 권리가 있습니다.

나는 걱정이 너무 많아

초판 2쇄 발행 2024년 10월 21일

지은이   이선경
펴낸곳   다른상상
등록번호   제399-2018-000014호
전화   02)3661-5964
팩스   02)6008-5964
전자우편   darunsangsang@naver.com

ISBN   979-11-90312-94-3 03190

독자 여러분의 책에 관한 아이디어나 원고 투고를 설레는 마음으로 기다리고 있습니다.
이메일로 간단한 개요와 취지, 연락처를 보내주세요. 독자님과 함께하겠습니다.